Constelação Familiar Sistêmica

Como Essa Técnica Pode Transformar Sua Forma de Enxergar a Vida

Juliana Petroni

Constelação Familiar Sistêmica

Como Essa Técnica Pode Transformar Sua Forma de Enxergar a Vida

MADRAS®

Editor:
Wagner Veneziani Costa (*in memoriam*)

Produção e Capa:
Equipe Técnica Madras

Foto da Autora:
Graziela Alcova

Revisão:
Ana Paula Luccisano
Neuza Rosa Alves

Dados Internacionais de Catalogação na Publicação (CIP)
(Câmara Brasileira do Livro, SP, Brasil)

Petroni, Juliana
Constelação familiar sistêmica : como essa técnica pode transformar sua forma de enxergar a vida / Juliana Petroni. -- São Paulo : Madras, 2024.

Bibliografia.
ISBN 978-65-5620-092-7

1. Constelações familiares 2. Terapia sistêmica (Terapia familiar) I. Título.

24-217787 CDD-616.89156

Índices para catálogo sistemático:

1. Constelações familiares : Psicoterapia : Ciências médicas 616.89156
Cibele Maria Dias - Bibliotecária - CRB-8/9427

MADRAS EDITORA LTDA.
Rua Paulo Gonçalves, 88 – Santana
CEP: 02403-020 – São Paulo/SP
Tel.: (11) 2281-5555 – (11) 98128-7754
www.madras.com.br

Agradecimentos

A toda à minha ancestralidade, em especial, às mulheres que atuam com a cura há séculos.

Aos meus pais, que me deram a vida. Aos meus irmãos, que fazem parte dessa trajetória.

Aos meus filhos, que me ensinam a amar diariamente.

Às amigas consteladoras queridas, que me apoiam e estão ao meu lado sempre.

À Rosangela Vilela, que me motivou a escrever este livro.

À minha querida Emília Santana, que me mostrou os primeiros passos nesta técnica incrível.

Ao mestre Bert Hellinger, que nos permitiu o acesso a esta técnica de cura, equilíbrio e amor.

Índice

Prefácio

O Universo tem diversas formas de se comunicar conosco. A ideia deste projeto surgiu na busca por fontes que pudessem explicar, de forma simples e objetiva, o que significa a metodologia da Constelação Familiar, sua prática e qual é seu principal benefício.

Sempre que inicio um grupo ou uma sessão de constelação, falo a mesma coisa: esqueça a racionalidade para compreender a Constelação Familiar; é necessário se permitir Sentir, despir-se dos julgamentos de todas as "pré-ocupações" mentais e formas de distrações para as quais a mente tenta nos conduzir.

Todos nós somos seres intuitivos e perceptivos, porém, bloqueamos o acesso às informações disponíveis para nós por medo ou, simplesmente, por estarmos tão ocupados com os barulhos externos que mal conseguimos identificar quem somos nós, quais são os nossos anseios e desejos mais profundos.

Eu confio demais nos presentes que a vida me traz, conhecer essa técnica foi um deles. É aquele presente divino que é considerado grande divisor de águas da sua existência. Um legado que pode e deve ser compartilhado para que o maior número de pessoas possível possa ter acesso a essa oportunidade de cura, expansão da consciência e de transformação.

Todas as vezes em que eu me deparei com uma grande dificuldade, e não foram poucas, encontrei respostas onde menos esperava. Em 2023, em um dos momentos de imensa fragilidade emocional, busquei ajuda na minha rede de apoio. E uma amiga querida, Rosangela Vilela, que fiz recentemente em um dos retiros que realizei, outro presente divino em minha vida, mandou-me uma mensagem com alguns insights que ela teve em suas meditações e orações direcionadas ao meu caso.

Ela me lembrou sobre alguns projetos meus de escrita que estavam parados, e eu mal conseguia dar atenção ou dedicar tempo de qualidade a eles.

Então me questionou: "Ju, você sabe qual é a missão da sua alma, por que se distrai tanto com coisas que não estão destinadas à sua vida? Eu vejo você escrevendo, muito, dando aulas e compartilhando a sua sabedoria com milhares de pessoas. Você vive a constelação, pratica, entende o processo de cura e seus desafios, é o maior exemplo de como essa consciência transforma; por que não escrever um livro sobre esse tema, ensinar e contar o que a Constelação Familiar significa e como ela pode transformar vidas, gerações e gerações com essa expansão de amor?"

Naquele momento, fui invadida com uma imensa sensação de alegria, como se o coração pulsasse forte, um sopro de vida leve e uma voz baixinha sussurrassem em meus ouvidos: você já sabe o que deve fazer.

Entrei em contato com a Madras e, de pronto, a editora aceitou embarcar comigo neste projeto.

Sou muito grata e me sinto honrada por poder dividir o meu saber com todos vocês. Espero que se inspirem, busquem e tenham mais e mais ideias transformadoras.

A vida nos convida a olhar para dentro, realizar as mudanças e somente assim podemos evoluir. Esse é o convite que faço para você. Permita-se ir além. Boa leitura!

Introdução

O desafio de falar sobre um tema tão lindo e intenso me fez refletir sobre muitas áreas da minha vida. Como explicar ao leitor o que essa ferramenta de luz e cura é capaz de realizar?

Silenciando os barulhos externos e escrevendo com o coração. Essa é a resposta que este livro lhe traz, e fará com que você reflita sobre suas buscas, origens, seus padrões, ciclos e o seu papel no mundo.

Quando entendemos que fazemos parte de um sistema, familiar, social, ou universal, percebemos a grandiosidade da vida, da oportunidade de estarmos aqui e agora com o poder de fazer diferente, de honrar a nossa história, a de nossos ancestrais e abrir caminhos para as futuras gerações.

Considero esta jornada uma bênção. Você que busca o caminho do autoconhecimento e desenvolvimento, sabe quantos desafios e obstáculos enfrentaremos para realizarmos nossas missões. Mas, e se eu lhe mostrar que existe uma forma de deixar o caminho mais leve, cheio de consciência, amor e alegria? Você estaria disposto a olhar para vida de uma forma diferente? Topa o desafio?

As próximas páginas lhe trarão a oportunidade de conhecer o que é a Constelação Familiar, quais são as leis do amor que guiam esse trabalho, experiências de campo e muito mais.

As chamadas "ovelhas cósmicas" da família são, na verdade, caçadores natos de caminhos de libertação para a árvore genealógica.

Os membros de uma árvore que não se adaptam às normas ou tradições do sistema familiar, aqueles que desde pequenos procuravam constantemente revolucionar as crenças, indo na contramão dos caminhos marcados pelas tradições familiares, aqueles criticados, julgados e mesmo rejeitados, esses, geralmente, são os chamados a libertar a árvore de histórias repetitivas que frustram gerações inteiras.

As "ovelhas cósmicas", as que não se adaptam, as que gritam rebeldia, cumprem um papel básico dentro de cada sistema familiar, elas reparam, apanham e criam o novo e desabrocham ramos na árvore genealógica.

Graças a estes membros, as nossas árvores renovam as suas raízes. Sua rebeldia é terra fértil, sua loucura é água que nutre, sua teimosia é novo ar, sua paixão é fogo que volta a acender o coração dos ancestrais.

Incontáveis desejos reprimidos, sonhos não realizados, talentos frustrados de nossos ancestrais se manifestam na rebeldia dessas ovelhas procurando realizar-se. A árvore genealógica, por inércia, quererá continuar a manter o curso castrador e tóxico do seu tronco, o que faz a tarefa das nossas ovelhas um trabalho difícil e conflituoso.

No entanto, quem traria novas flores para a nossa árvore se não fosse por elas? Quem criaria novos ramos? Sem elas, os sonhos não realizados daqueles que sustentam a árvore gerações atrás, morreriam enterrados sob as suas próprias raízes.

As constelações sistêmicas são o caminho para a expansão da consciência.

Está tudo conectado. E nós fazemos parte desse movimento. Somos todos UM.

Que ninguém te faça duvidar, cuida da tua raridade, como a flor mais preciosa da tua árvore. Tu és o sonho de todos os teus antepassados (Bert Hellinger).

Capítulo 1

O que é Constelação Familiar Sistêmica

"O Amor é terapia, no mundo não há nenhum outro tratameto senão o Amor. É sempre o Amor que cura, porque o Amor faz você inteiro."

Bert Hellinger

Costumo dizer que é muito desafiador explicar o que é esta técnica de transformação e expansão da consciência. Mas o fato é que a terapia propõe uma profunda conexão com as nossas raízes, o contato com as nossas sombras, dores, crenças e padrões, situações que foram experimentadas por nossos ancestrais e que reverberam por gerações até chegar aos dias de hoje.

A premissa para a realização da prática é se permitir sentir. Todos nós somos seres intuitivos e perceptivos, porém nos desconectamos da fonte da vida, da criação. Somos em essência cocriadores, nossos pensamentos e nossas emoções são capazes de criar a realidade. Contudo, nos esquecemos disso, vivendo a vida no piloto automático, o que gera muita angústia e inúmeros casos de depressão e ansiedade.

Quando nós nos abrimos de fato para enxergar o que precisa ser visto, acolher as informações, realizar as mudanças necessárias, percebemos que será preciso desenvolver capacidades que nos permitirão acessar essas novas consciências em um campo com o trabalho muito sutil; expandir a consciência.

Ao relembrar quem somos e de onde viemos, começamos a trilhar o verdadeiro caminho no autoconhecimento. A Constelação Familiar faz você enxergar qual é o seu lugar diante da vida, das suas relações e conexões. Chamamos aqueles que procuram as técnicas de cura de buscadores da luz e da cura do sistema, pois, ao encontrarmos o caminho da ressignificação, do perdão e do amor, levamos a cura para todos os nossos ascendentes e descendentes.

Quebramos padrões e crenças enraizadas no sistema com o simples fato de adquirirmos uma nova consciência. Sendo assim, aquele que encontra o novo caminho permite que os sonhos, as transformações, se concretizem.

A primeira sensação é de leveza de encontro e conexão profunda com a alma. O vazio, o desespero, o medo, a angústia e a ansiedade dão espaço para o entendimento e a gratidão.

O sentimento de gratidão transforma. Somente quando honramos e agradecemos as experiências vividas nos permitimos viver o presente por inteiro. Quando existe a aceitação dos fatos, do passado e de todas as experiências que criaram a nossa realidade, é de fato possível seguir adiante. Conhecer as histórias dos nossos ancestrais, os erros, os acertos, as conquistas e as derrotas, tudo isso nos mostra como podemos prosseguir.

Ainda não aprendemos a reconhecer os nossos sentimentos e, muito menos, a ouvir a nossa sabedoria interna. Muitas das respostas que buscamos estão dentro de nós e a prática da Constelação Familiar possibilita o encontro dessas soluções.

Explicando o Método

A Constelação Sistêmica Familiar é uma metodologia desenvolvida pelo filósofo alemão Bert Hellinger, que tem como objetivo restabelecer o equilíbrio entre as nossas relações. Não é nenhuma filosofia ou está ligada a religiões.

O termo original do alemão, dado por Hellinger, para identificar a abordagem sistêmico-fenomenológica das Constelações Familiares é familienstellen, que significa "colocação familiar". Já nos Estados Unidos, esse termo foi traduzido como Family Constellations e, aqui no Brasil, seguimos essa tradução literal, Constelações Familiares.

Palavra derivada do latim, con (grupo) e stellar (estrela), constelações são agrupamentos aparentes de estrelas que astrônomos da Antiguidade imaginaram como se fossem figuras de pessoas, animais ou objetos.

É muito parecido com a imagem da constelação servir ao propósito de identificar a configuração do grupo familiar e o lugar de cada pessoa no sistema de sua família de origem, e como isso pode ser saudável ou prejudicial para o relacionamento entre seus componentes.

O campo morfogenético tem várias aplicações práticas na constelação sistêmica familiar. Ele pode ser utilizado para abordar questões, como conflitos familiares, dificuldades de relacionamento, traumas não resolvidos, padrões repetitivos de comportamento e até mesmo doenças físicas ou emocionais.

Hoje sabemos que carregamos em nosso DNA não só os aspectos do corpo físico, doenças genéticas, mas também emoções, medos, traumas, crenças, força e virtudes. E esse é o objetivo dessa ferramenta, acessar tais informações para podermos compreender quem somos, de onde viemos e o que carregamos conosco. Essa compreensão nos permite uma visão mais ampla das situações que enfrentamos na vida.

Entendemos que o passado nos ensina, o presente é tudo o que temos e o futuro construímos a partir de agora, com infinitas possibilidades de criar uma realidade mais leve, cheia de alegria, saúde e abundância. A realidade mais conectada ao todo.

O que a Ciência diz sobre a técnica

Na década de 1980, o biólogo e cientista Rupert Sheldrake fez uma pesquisa sobre campos mórficos e ressonância mórfica. Segundo ele, os campos mórficos são estruturas que se estendem no espaço-tempo, e moldam a forma e o comportamento de todos os sistemas do mundo material: átomos, moléculas, cristais, organismos, sociedades, ecossistemas, sistemas planetários, entre outros.

O conhecimento adquirido por um conjunto de indivíduos agrega-se ao patrimônio coletivo, provocando um acréscimo de consciência que passa a ser compartilhado por toda a espécie. O processo responsável por essa coletivização da informação foi batizado por Sheldrake com o nome de **"ressonância mórfica"**.

Por meio dela, as informações se propagam no interior do campo mórfico, alimentando uma espécie de memória coletiva. Uma característica significativa da ressonância mórfica é que a propagação das informações pode se dar de maneira não local.

"A ressonância mórfica tende a reforçar qualquer padrão repetitivo, seja ele bom ou mal" – Bert Hellinger observou e identificou essas repercussões do campo mórfico familiar em gerações posteriores, chamando de "emaranhamentos".

O campo morfogenético é o campo de informação que pode ser captada, mas não com a mente concreta. As ações a serem tomadas vêm por meio da intuição, que comunica o que fazer e o que não fazer.

Esses campos representam as repercussões de situações problemáticas do passado que tendem a se repetir em descendentes de gerações futuras. O conceito-chave da ressonância mórfica é que coisas semelhantes influenciam outras parecidas por intermédio do espaço e do tempo, portanto, os organismos e os padrões de comportamento mais semelhantes aos atuais são aqueles de nossa árvore genealógica.

Recebemos de nossos pais a herança genética e a herança do campo mórfico de nosso sistema familiar, se considerarmos as ideias de Sheldrake. A hipótese dos campos mórficos parece estar perfeitamente alinhada às observações de Hellinger a respeito da dinâmica dos sistemas familiares.

Essa visão abre uma perspectiva de entendimento à dinâmica da transmissão e da influência que as gerações passadas exercem sobre as seguintes, por exemplo, no caso dos "emaranhamentos" mencionados anteriormente.

Podemos entender que o efeito terapêutico do trabalho com as Constelações provoca uma atualização desse campo mórfico familiar, restabelecendo o fluxo amoroso natural caracterizado como a base de todo sistema familiar.

Quando isso ocorre, dissolve-se a tendência repetitiva problemática, liberando, assim, a pessoa que está sendo trabalhada e as gerações futuras dessas influências negativas ou ressonâncias de fatos do passado relacionados ao tema trabalhado.

Segundo Bert Hellinger, quando os emaranhados são liberados, o fluxo do amor é restabelecido, desse modo podemos seguir novamente o fluxo da vida, tendo em vista que o Amor é a força mais poderosa do mundo. Ela liberta, cura, perdoa, eleva, nos ensina.

A liberação do amor faz com que caminhemos rumo à resolução dos nossos problemas.

Como funciona a terapia

Ao abrir o campo sistêmico, o terapeuta se conecta, capta essas informações, por meio dos sentimentos representados por pessoas, que se colocam a serviço desse trabalho, ou bonecos e objetos que auxiliam a compreensão da consciência que precisa ser trabalhada na ocasião.

As constelações sistêmicas podem atuar em diversas áreas, como familiar, empresarial, educacional, e possibilitam a solução de problemas que muitas vezes perpetuam por séculos, ao longo de geração em geração.

É um trabalho feito com muito amor, entrega e responsabilidade; significa servir e confiar no campo para indicar o caminho de quem busca a evolução, a cura e o equilíbrio.

As informações sistêmicas estão disponíveis para nós, basta querermos enxergar e, assim, transformar a nossa realidade a partir do novo ponto de vista. Para acessar, é preciso estar aberto, deixar a intuição e a percepção atuarem. Costumo dizer que é necessário se despir de pensamentos, julgamentos, sentimentos e se colocar em um campo de neutralidade. A informação chega, e o seu coração sente quando faz sentido.

A mudança de postura só é possível quando esse processo de entendimento de que tudo é como deve ser acontece. O passado ensina. O presente constrói.

A maior força que nos move é a busca da evolução, esse é o objetivo da vida.

Evoluir é aprender com os erros, reconhecer os acertos, se permitir viver plenamente, ser feliz, amar e ser amado. Servir a vida com gratidão. Experienciar a abundância e a prosperidade em todos os sentidos.

Ter uma vida equilibrada, saúde física, mental e espiritual.

"Constelação Familiar não é mágica. É uma chance de ver e aceitar o nosso lugar e nosso papel no nosso sistema familiar. Com a postura certa, nos auxilia a assumir a responsabilidade que nos pertence e, assim, tomar as atitudes necessárias para caminhar adiante" (Bert Hellinger)

Capítulo 2

Bert Hellinger, o criador da metodologia

"Atrás de mim estão todos os meus ancestrais me dando força. A vida passou através deles até chegar a mim. E em honra a eles eu a viverei plenamente."

Bert Hellinger

Bert Hellinger nasceu na Alemanha em 1925, formou-se em Filosofia, Teologia e Pedagogia. Foi sacerdote católico e trabalhou durante 16 anos como missionário na África do Sul. Após anos de dedicação a uma vida religiosa, Hellinger dedicou-se a estudos que abrangeram áreas como a psicanálise, terapia familiar, hipnoterapia e análise transacional.

Assim, ele reconheceu três leis universais que atuam sobre todos os relacionamentos humanos, também denominadas por ele ordens do amor: **pertencimento, hierarquia ou ordem e equilíbrio, dar e receber**.

Sua jornada espiritual teve início em 1946, quando entrou para uma ordem religiosa, na qual foi aceito como seminarista, passando a estudar Teologia e Filosofia, posteriormente, formando-se professor.

Em 1958, tornou-se missionário na África do Sul, aprendeu a língua local e exerceu o papel de tradutor entre a tribo e os missionários. Em 1969, voltou para a Alemanha, onde foi colocado no posto de diretor de um seminário.

Nesse período, começou a estudar Psicologia e Psicanálise na Universidade de Würzburg. Passou a integrar, em sua prática pastoral, dinâmicas e psicologia de grupo. Em 1971, largou a batina e casou-se.

A partir daí, tornou-se referência em toda a Europa quando o assunto era terapia em grupo. Em 1974, foi para os Estados Unidos estudar Terapia Primal, Gestalt, terapia transacional e análise de script.

Além da influência religiosa e da experiência como missionário junto às tribos zulus, e da formação acadêmica como psicólogo e psicanalista, recebeu influência direta da hipnoterapia (Milton Erickson), metodologia da interação centrada no tema (TCI), programação neurolinguística e análise bioenergética.

A Constelação Familiar

A partir do contato com a Dra. Thea Louise Schönfelder, psiquiatra e professora universitária, considerada pioneira da terapia familiar e constelações, Hellinger iniciou pequenos grupos de Constelação Familiar. Em 1955, lançou o primeiro livro sobre o tema, *A Simetria*

Oculta do Amor,[1] no qual explanou pela primeira vez as três leis da vida ou ordens do amor e da ajuda.

As Constelações Familiares abordam os relacionamentos humanos, nossa base familiar, o núcleo a qual pertencemos. Entendemos que fazemos parte de um sistema com suas crenças, padrões que refletem em nossa personalidade.

A metodologia permite a liberação desses vínculos limitantes e de comportamentos sistêmicos por meio da expansão da consciência. O grande objetivo é proporcionar liberdade e felicidade, buscar romper emaranhados afetivos, emocionais e psicológicos que nos prendem ao passado ou que nos fazem repetir os mesmos erros de gerações passadas.

Hoje a técnica é reconhecida mundialmente, sendo utilizada em diversas áreas, como psicoterapia, consultoria organizacional e empresarial, pedagogia, medicina, justiça, aconselhamento de vida e educação e assistência de vida.

Bert Hellinger estudou e atuou com as Constelações até os últimos dias de sua vida, em setembro de 2019. Sua experiência e dedicação deixaram um legado que hoje serve de inspiração para milhares de pessoas no mundo todo. Foram mais de 110 livros publicados e inúmeras sessões dessa terapia. Sophie Hellinger, sua segunda esposa, continua atuante, compartilhando os seus ensinamentos.

1. HELLINGER, B. *A Simetria Oculta do Amor*: *Por que o Amor Faz os Relacionamentos Darem Certo*. 5. ed. São Paulo: Cultrix, 2012.

As Constelações Familiares de Hellinger trazem luz à consciência; clareza de que na vida vamos trabalhar a aceitação de que tudo é exatamente como é. E assim, a vida flui, segue seu fluxo natural e fica mais leve.

Capítulo 3

As Leis Sistêmicas – Leis do Amor

"A paz começa onde cada um de nós pode ser da forma que é, onde cada um de nós permite ao outro ser tal como é e ficar onde está. Isso significa, ao mesmo tempo, respeitar os limites mútuos, que ninguém ultrapassa o limite do outro, que cada um permaneça dentro do âmbito dos seus próprios limites."

Bert Hellinger

As leis sistêmicas de Bert Hellinger, conhecidas como as Leis do Amor, são como as leis divinas atuantes no Universo. Quem recebe, doa. Aquele que tem consciência encontra o caminho para fluir com a vida, ter plenitude, leveza e felicidade.

Hellinger estudou ao longo dos anos o comportamento de famílias e observou que existem três leis que atuam de forma inconsciente, em todos os sistemas de relacionamento. São elas: *a Lei da Ordem; Lei do Pertencimento; e a Lei do Dar e Receber – Equilíbrio.*

As leis sistêmicas atuam inconscientemente, gerando relações de harmonia ou confronto e sentimentos negativos. Ser consciente dos sentimentos permite a compreensão, a razão das desarmonias em qualquer sistema de relacionamento.

O que é Sistema?

Podemos definir sistema como conjunto de elementos que estão interligados entre si em uma contínua relação de mudança, ou seja, sistema é qualquer grupo de pessoas ou coisas que permanecem unidos ou vinculados, em função de um interesse comum ou forças que os permeiam, independentemente de que tenham consciência ou não.

Portanto, a família pode ser entendida como um sistema. E é a história desse sistema que determina a natureza do campo de energia familiar de cada um, ou seja, a religião, as crenças, a consciência coletiva, o país de origem, a história dos relacionamentos, o papel do feminino e do masculino, por exemplo.

Outros fatos marcantes contribuem com essa natureza: mortes, segredos, traições, abortos, adoções, suicídios, guerras, violências.

Bert Hellinger descobriu que existe não só a nossa Identidade Individual, mas também uma Identidade de Grupo. Servimos ao nosso grupo. Os interesses do grupo estão acima dos interesses individuais. Segundo ele, existe uma Alma grupal.

Tudo aquilo que é sentido se expressa energeticamente, e o outro responde positiva ou negativamente dentro desse sistema. Ou seja, essa informação é passada de geração em geração, e nos possibilita acessar o equilíbrio e/ou desequilíbrio em um campo sistêmico.

Nós somos resultado de tudo o que foi vivido anteriormente. As dívidas e os compromissos passados por gerações, como vínculos geradores de sofrimento até que um membro possa libertar todos os outros. Essa liberação só acontece quando o despertar acontece pelo amor, desatando os nós que nos prendem ao passado, libertando não só o próprio indivíduo, como também todos os ancestrais e as próximas gerações.

O objetivo de aplicar as leis sistêmicas é buscar a superação das nossas dores causadas por experiências pessoais e por aquelas que foram resultado de outras pessoas a quem nos ligamos por compaixão, ou amor, pelo desejo inconsciente de compensação dessas leis.

Nós nos vinculamos aos membros do nosso grupo, consciente ou inconscientemente. Buscamos pertencer. Por isso, muitas vezes, manifestamos os mesmos comportamentos, é como uma necessidade de autoaprovação para fazer parte dos nossos grupos. Você já parou para pensar que pode estar falando como seu pai, ou sua mãe, ou agindo como eles? Mas essas ações não são genuínas, mas uma reprodução de padrões. Ao despertar, você nota que não precisa agir desse modo para fazer parte, ou seja, pode mudar e, ainda assim, honrar o seu sistema.

Todo desafio o convida a olhar para o passado. Refletir sobre as situações que geraram dúvidas e sofrimento.

O que eu aprendo com tudo isso? O que quero levar comigo daqui adiante?

Ao compreender, aceitar e agradecer tal aprendizado, nós nos liberamos para receber o novo. Entramos no fluxo. E a vida começa a nos oferecer o que merecemos. Começamos a colher os frutos do nosso plantio.

Para que possamos restabelecer as leis da ordem, do equilíbrio e do pertencimento, é necessário silenciar. Aprender a ouvir os sinais que o Universo traz, e assim, de uma vez por todas, quebrar ciclos repetitivos, realizando a profunda e verdadeira mudança: aquela que começa dentro de nós e nos permite transcender, reconhecer o sentido da vida.

Quando estamos em equilíbrio, atraímos pessoas que estão na mesma vibração, situações e lugares afins com a nossa energia. Tudo é energia!

As leis sistêmicas fazem parte desse conjunto de leis que regem o Universo. Aprendemos a viver em harmonia com os sistemas, a aceitar a vida como ela é. Ressignificar.

Respeitar as leis nos traz a sensação de paz, equilíbrio e leveza; nos permite viver o estado de *flow*, nossa essência conectada à fonte da criação.

Não há certo e errado. Tudo é um ponto de vista. As leis nos ensinam o não julgamento. Aprendemos a nos responsabilizar por nossas ações e escolhas, e isso muda tudo.

Capítulo 4

Lei da Ordem ou Procedência

"Algumas pessoas continuam acenando para o velho trem quando o novo já estacionou na plataforma."

Bert Hellinger

A ordem se faz presente em toda a criação. O Universo e suas infinitas galáxias, estrelas e planetas seguem uma hierarquia, o nosso sistema solar. O sistema familiar também é constituído pela Lei da Ordem, na qual o que veio antes tem precedência em relação a tudo que virá depois.

As Leis Sistêmicas, chamadas por Bert Hellinger de Ordens do Amor, exercem papel fundamental no equilíbrio e na manutenção do sistema familiar.

Em todos os sistemas, a reverência ao que veio antes gera harmonia, equilíbrio e felicidade. Em todas as situações de vida, a ordem gera continuidade, progresso e liberação. A semente é plantada para que a árvore cresça forte e possa no futuro dar bons frutos.

A Lei da Ordem atua pela necessidade de reconhecimento, reverência, gratidão e aceitação ao que precedeu. Não existe continuidade em nenhuma situação sem aceitar e reverenciar o que veio anteriormente.

Hellinger identificou o desequilíbrio nessa lei quando a hierarquia é desrespeitada; por exemplo, sucessores interferem em assuntos dos antecessores e julgam saber mais do que aqueles que vieram antes.

É comum observar hoje relações em desarmonia em nossas famílias, mas também no ambiente profissional, na sociedade em geral. Filhos que não respeitam pais; alunos sem respeitar os seus mestres, entre outros.

A Lei da Ordem nos indica o caminho, pois cada um dentro do sistema tem o seu lugar de direito, e isso deve ser respeitado para que o equilíbrio se faça presente e a vida siga o seu rumo.

No sistema familiar, todos têm o seu lugar. Respeitar a ordem dos sistemas é fundamental para manter esse equilíbrio. Ou seja, o mais novo sempre terá precedência em relação ao mais antigo, a família atual tem precedência sobre a família de origem. E assim por diante.

Quando o filho se casa essa se torna a sua prioridade. O casal então se forma, ambos têm o mesmo lugar, são iguais diante da Lei da Ordem, pois se conheceram ao mesmo tempo no novo sistema. Quando estes têm filhos, o primogênito tem precedência em relação ao segundo, porque possui mais experiência naquele sistema familiar. Isso não significa que ele terá privilégios, mas sua voz poderá ser ouvida primeiramente em determinadas situações.

É como uma imensa árvore genealógica na qual cada um de nossos ancestrais registrou o seu lugar. Nós também temos o nosso, e nossos filhos e netos terão os deles. É o ciclo da vida sem fim.

Outro exemplo: em famílias reconstituídas, em que ambos os cônjuges tiveram filhos do relacionamento anterior, a primeira família tem precedência em relação à nova, mas esta tem prioridade em relação àquela, ou seja, os cônjuges devem em suas decisões priorizar a sua família atual em detrimento da anterior. Quando não ocorre esse reconhecimento e sentimento de gratidão, aquele parceiro excluído será representado por um filho da nova família.

Ao respeitar a ordem a vida flui naturalmente. Todos encontram o seu caminho e a harmonia se restabelece.

Alguns exemplos de desarmonia dessa lei:

- Filhos que tomam o lugar de seus pais.
- Tomar os pais como seus filhos.
- Em casos de adoção, quando se reverencia os pais biológicos (mesmo que não os conheçam).
- Mães que assumem o lugar do marido (pai) na relação com os filhos.
- Quando se inicia um relacionamento, mas com muita raiva do último parceiro.
- Não respeito à hierarquia no trabalho, aos gestores e às regras.

- Filhos da segunda união que não conseguem viver harmoniosamente com seus pais, nem respeitam os filhos e a família precedente.

São inúmeros os exemplos que podemos dar para explicar como a Lei da Ordem funciona, mas ter o entendimento de como as coisas acontecem no macro, no Universo, e perceber que ele acontece também no micro, em nossos sistemas, nos faz ter a compreensão de que está, sim, tudo interligado.

Na Lei da Hierarquia, entendemos então que quem vem antes tem realmente precedência. É como se já se deixasse esse lugar claro aos demais no sistema, pois há uma ordem a ser seguida. Assim, os pais vêm antes dos filhos, os avós, antes dos pais, o primeiro filho, antes do segundo, e assim por diante.

No trabalho, quando um novo funcionário é contratado e não respeita os que chegaram lá antes dele, gera desequilíbrio e, muitas vezes, uma rejeição por parte dos que já estavam. Toda equipe anterior deve ser reconhecida e valorizada. Assim, a chegada do novo profissional se torna harmônica e todos aceitam as mudanças de forma natural.

As empresas que não respeitam seus fundadores enfrentam muitos desafios. Os seus herdeiros passam a ter dificuldade para manter a gestão e, por vezes, problemas financeiros também.

O mesmo acontece quando não aceitamos nossos pais como eles são. Eles chegaram primeiro e merecem ser respeitados. Independentemente da sua história, o fato é que eles nos deram a vida. Por causa disso, devemos nos conectar a eles com muita gratidão e respeito. Quando queremos modificá-los, julgamos suas escolhas e atitudes, perdemos força na vida.

O respeito sistêmico transcende os limites da razão individual. Podemos sim analisar as situações e os comportamentos de nossos ancestrais, mas com o exercício do não julgamento, entendendo que eles fizeram o que podiam com a consciência que tinham na época.

Não cabe a nós o julgamento do certo e errado. Estamos aqui para aceitar, acolher, reconhecer a nossa história e, dessa forma, nos libertar para que a mudança possa acontecer.

Ao respeitar o nosso lugar no sistema familiar, assim como no organizacional, teremos uma vida plena e equilibrada, concretizando nossos sonhos, objetivos, com força, coragem e alegria.

Capítulo 5

Lei do Pertencimento

"Uma pessoa está em paz quando todas as pessoas que pertencem a sua família têm um lugar em seu coração."

Bert Hellinger

A Lei do Pertencimento diz que todos têm direito de pertencer a um sistema familiar e não podem ser excluídos. Cada pessoa deve ocupar o seu lugar, independentemente de seus comportamentos ou dos acontecimentos. Todos os membros precisam ser respeitados e reverenciados.

Todo ser humano tem a necessidade de pertencer, esse sentimento é natural. Todas as pessoas que nascem ou são vinculadas a um sistema familiar querem ser reconhecidas, respeitadas e assim fazerem parte. Todo ser é único, ninguém pode ser deixado de lado. Todos são importantes.

Não importa o que a pessoa faça, mesmo que seja julgado como "condenável" ou "reprovável", ela continuará com o direito de pertencer. Quando um indivíduo é excluído, é recusado a ele o direito à existência, ou quando seu destino é mantido em segredo, outro membro do sistema irá representá-lo.

Toda exclusão gera uma representação.

O que isso significa? Inconscientemente, outro assume o lugar daquela criatura, reproduzindo de maneira inconsciente os mesmos comportamentos, vícios, ciclos.

Segundo a metodologia de Bert Hellinger, somente assim o destino do excluído poderá ser percebido e dignificado. Outro representa o excluído, até que alguém possa trazer essa consciência ao sistema, reverenciando todos os seus membros, dando a eles o seu lugar.

Por meio daquele que o representa existe a compensação, e a cura muitas vezes de nossas dores, doenças, entre outros problemas, tais como depressão, ansiedade, angústia, está ligada a essas questões.

Se alguém comete um crime, por exemplo, revolta a todos do sistema, mesmo que ele seja julgado e cumpra sua pena, muitas vezes, é esquecido por seus familiares. As pessoas passam a esconder o acontecido, evitam falar do passado e tentam apagar esse ocorrido da história da família. Nesses casos, a Lei do Pertencimento atua fazendo com que esse membro do grupo seja incluído novamente.

Outros exemplos de desarmonias dessa lei:

- Membros do sistema que se vinculam a abortos e, assim, buscam a morte.
- Quando esses membros se vinculam a outro membro que foi excluído. Exemplo: filhos não reconhecidos.
- Afastamento por escolher não carregar o destino de outro membro do sistema.
- Pais adotivos que excluem os pais biológicos, gerando desarmonia e sofrimento para a criança.

Podemos observar o quanto esse vínculo de pertencimento é forte em situações em que a pessoa se afasta do seu país de origem. Segundo Hellinger, a Consciência de grupo se sobrepõe à consciência individual. Então, aquele que se afasta de seu país de origem, não reverência e ou agradece suas raízes se sentirá infeliz nesse novo local escolhido para viver.

Em diversos casos como esses, o número de depressão entre estrangeiros é enorme, o vazio preenche os dias daqueles que não conseguem aceitar a mudança e se lembrar de onde vieram com amor e leveza.

Muitos de nossos ancestrais tiveram que deixar seus países de origem em razão de inúmeras guerras, falta de oportunidades, entre outros problemas. Todos em busca de uma vida melhor, não só para eles, mas também por todos do sistema. Deixavam famílias e bens para trás. Foi preciso coragem para recomeçar. E as futuras gerações, muitas vezes, não se lembram dessas histórias.

Porém, todos esses traumas, essas dores, ficaram registrados em nossos sistemas. Nós fazemos parte desses capítulos. Essa coragem e força também se fazem presentes em nosso DNA. Ao reconhecer, valorizar e respeitar nossas origens, restabelecemos a harmonia no sistema. Ao entender que foi assim, aceitar e nos libertar das dores do passado, assumindo nosso lugar, reconhecemos nossas origens, honramos os ancestrais e nos permitimos fazer diferente.

Pertencer é ter um lugar no sistema. E todos nós buscamos esse espaço. Só é possível tomar esse lugar quando nos lembramos de onde viemos, de quem somos, e dando o lugar a todos aqueles que foram excluídos, independentemente do motivo.

O simples fato de dar esse lugar aos que pertencem ao nosso sistema nos liberta desse aprisionamento, nos conecta ao todo, nos lembra de que a vida é uma dádiva, e podemos seguir o nosso coração com leveza e alegria. É como se pudéssemos relembrar quem realmente somos. É a sensação de voltar para casa: a luz volta a brilhar e tudo fica mais claro.

Reverencie suas raízes, busque conhecer mais, compreendê-las, toda sabedoria que carrega em seu sangue. Se sua intenção é se mudar de país, peça permissão ao seu lugar de origem. Agradeça, leve esse sentimento no coração para que sua vida flua leve e feliz.

ÁRVORE GENEALÓGICA DE ASCENDENTES OU ÁRVORE DE COSTADOS

Pais = 2
Avós = 4
Bisavós = 8
Trisavós (ou Tataravós) = 16
Tetravós = 32
Pentavós = 64
** Até aqui, 126 ascendentes no total!
Hexavós = 128
Heptavós = 256
Octavós = 512
Eneavós = 1.024
Decavós = 2.048
** Total de 11 gerações: 4.094 pessoas, cerca de 300 anos antes de você nascer!**

Pense um instante: quantas lutas, quantas guerras, quantas dificuldades, quantas mortes trágicas e doenças, quantas crianças abortadas ou natimortas, quanta fome, quantas tristeza e coisas difíceis todos estes nossos antepassados viveram? De onde vieram? E nesta conta não estão incluídos os irmãos (seus tios, tios-avós...), os adotados, os excluídos...

Por outro lado, quanta força, quanto amor, quantas alegrias e estímulos, quanto instinto de sobrevivência cada um deles teve dentro de si para que hoje nós estejamos aqui, VIVOS? Nós só existimos graças a tudo o que cada um deles passou... Curve-se!

Capítulo 6

Lei do Equilíbrio (Dar e Receber)

"Os sofrimentos familiares são como elos de uma corrente que se repetem de geração em geração, até que um descendente tome consciência e transforme a maldição em bênção."

Bert Hellinger

A Lei do Equilíbrio entre o dar e receber foi estudada por Bert Hellinger, em seus grupos, como fundamental para o funcionamento e a manutenção dos sistemas e de suas relações de uma forma geral.

O princípio de equilíbrio entre dar e receber é determinado pela nossa consciência. Todos nós somos capazes de trocar, oferecer aos outros nosso tempo, nossas qualidades, nossos dons, nossas capacidades e receber também do sistema tudo o que for importante para suprir nossas necessidades básicas.

Cada um dá o que tem. Essa é uma das consciências mais libertadoras que a Lei do Equilíbrio nos ensina. E para que os nossos relacionamentos, sejam quais forem, deem certo, é necessário compreender que só podemos fazer a nossa parte, nos responsabilizar pelas nossas ações e escolhas.

O equilíbrio entre dar e receber deve ser respeitado. Trata-se de amar e ser amado. A começar pelo amor que sentimos por nós mesmos, aprendendo a nos valorizar, respeitar e entender qual é o nosso lugar no mundo.

Para o relacionamento de casais dar certo, por exemplo, ambos precisam estar comprometidos em fazer a sua parte, encontrar o equilíbrio de troca. Se um só faz pelos dois, em algum momento a desarmonia se fará presente, pois quem recebeu demais se sente em dívida com o outro e tem muita dificuldade de permanecer na relação.

Não existe perfeição. Em alguns momentos, um tem maior disponibilidade que o outro e, assim, seguimos no fluir da vida, entendendo as mudanças, nos adaptando. O fato é que a existência sempre encontra um caminho para nos mostrar a direção. E a busca pelo equilíbrio é desenvolver essa percepção de que muitas vezes vamos renunciar algumas coisas, fazer outras, entregar mais em um dia, no outro nem tanto. Assim a compensação acontece, dia após dia.

Cada vez que chegamos a algum patamar encontramos o equilíbrio, permitimos que o sistema se organize para tentar compensar o saldo. Desse modo, o movimento constante garante a harmonia em nossas relações.

A vida acontece nesse desequilíbrio na busca pela harmonia. É preciso aprender a lidar com as mudanças, as frustrações, as expectativas, com os desafios, a ser mais flexível. A expansão da consciência nos abre para essas novas perspectivas. Se eu faço a minha parte com amor, sem julgamento, sem cobrança, aprendo a lidar com o que não está no meu controle. Eu confio, aceito e agradeço o que recebo dos outros, pois estou completo e feliz com que sou.

Quanto mais você amar a si mesmo, mas irá doar e receber o amor.

A única relação em que a lei não se aplica é entre pais e filhos. Os pais sempre dão mais aos filhos, pois eles lhes proporcionaram a vida. Dessa maneira, a criança recebe muito. Segundo a metodologia de Hellinger, aquilo que os filhos recebem de seus pais é tão grande que jamais conseguirão retribuir.

A consciência dessa relação tão importante é bastante trabalhada nas Constelações Familiares. Somos 50% pai e 50% mãe, o que define muitas de nossas características, personalidade, forma como enxergamos a vida, nossos valores. “Tomar os pais” como falamos na constelação nada mais é do que receber deles o que puderam dar, ou seja, aceitá-los como são, independentemente da história, sem julgamentos. Eles nos deram a vida.

Alguns ensinamentos dessa lei:

- Nossos pais são seres humanos e não são perfeitos.
- Eles já foram filhos.
- Não são culpados pelos nossos traumas.
- Deve-se aprender a amá-los sem julgamentos.
- Devemos assumir nossas próprias responsabilidades diante da vida.

Segundo Bert Hellinger, existe uma ordem natural no processo de dar e receber. Essa ordem obedece a uma hierarquia etária, ou seja, vem do mais antigo para o mais jovem: os pais dão amor e carinho aos seus filhos.

Lei básica da alma: quem recebe também precisa doar. Filhos podem retribuir amor aos pais quando se tornam pais também, e assim sucessivamente. Outra forma de restabelecer naturalmente o equilíbrio é contribuir com o servir da vida, deixar um legado ao sistema e a humanidade. Muitas vezes, a mesma situação encontra desarmonias em mais de uma das leis sistêmicas.

São desordens da Lei do Equilíbrio:

- Membros do sistema que doam em excesso em busca de receber, mas nunca se sentem supridos.
- Pais adotivos que não contam sobre a adoção e não se sentem reconhecidos.
- Sentimento de culpa gera uma necessidade de dar muito.

- Relações em que a harmonia não consegue prevalecer, porque ambas as pessoas buscam pelo equilíbrio negativamente.

Muitas vezes, nós cobramos de nossos parceiros atuais algo que nos faltou no passado. Nossa primeira relação mais importante é o vínculo com os nossos pais, nossas raízes. Compreender, bem como reconhecer, que recebemos tudo o que foi necessário para a nossa evolução faz com que o equilíbrio se restabeleça. Essa consciência faz com que nos sintamos vistos, amados, gratos, aceitos, reconhecidos.

Os filhos só poderão caminhar com equilíbrio e força na vida se aceitarem o fato de que receberam tudo o que foi necessário para seguir em frente de seus pais e antepassados, pelo simples fato que eles lhes transmitiram a vida.

Ter gratidão pela vida é reconhecer, antes de tudo, que ela chegou a nós por intermédio dos nossos pais e antes deles pelos pais deles, e assim sucessivamente.

A relação de dar e receber também se verifica em outros sistemas, como nos ambientes de trabalho. Nas empresas onde seus membros cooperam de maneira equilibrada, não há desarmonia. Se cada um faz a sua parte, todos encontram o equilíbrio entre o dar e o receber, o que gera satisfação e produtividade.

Reconhecer a importância do equilíbrio em todas as nossas relações nos permite uma vida plena e harmônica.

Capítulo 7

Ancestralidade

"Você é o sonho de todos os seus antepassados. Quem age em harmonia, mesmo que seja contra o que os outros dizem, está bem consigo mesmo. A vida lhe nega milagres, até que entenda que tudo é um milagre. A vida encurta seu tempo, para você se apressar em aprender a viver."

Bert Hellinger

O termo ancestralidade é amplo e pode ter múltiplos significados: cultural, religioso e até mesmo político. Embora percebida em diferentes contextos, a ancestralidade está relacionada com o sentido de herança, e expressa a nossa conexão com os nossos antepassados.

A ancestralidade na Constelação Familiar refere-se a tudo o que nossos ancestrais viveram: dores, alegrias, tristezas, sonhos e frustrações. Todas essas informações estão registradas em nosso DNA. Os segredos, as histórias mal resolvidas, tudo isso influencia nossas vidas e não temos essa consciência.

Somente ao compreender, aceitar, honrar e reconhecer a nossa história poderemos curar essas influências ancestrais para construir relacionamentos harmoniosos, equilibrados e ter uma vida mais leve, alegre e feliz.

A Constelação Familiar nos permite esse olhar para as dinâmicas inconscientes que atuam em nossos comportamentos e para as experiências de vida, as quais são influenciadas por nossos antepassados. Durante a sessão, o constelador pode observar o campo e as causas de tais atitudes que desencadearam as desarmonias, os problemas, logo, encontrar caminhos de solução.

Compreender a importância da ancestralidade no sistema familiar facilita o processo de cura. Imagine uma árvore com mais de 100 anos, suas raízes bem profundas, largas, seu tronco robusto, forte, vários galhos, novos, velhos, flores e frutos. Assim também é o nosso sistema. Explorar nossas raízes familiares, a nossa base, é uma maneira de entender quem somos, mergulhar na história e nos reencontrar.

Essa história impacta o presente. Quanto mais aprofundamos os estudos, ou percebemos o campo, mais entendemos diversos padrões, ciclos, crenças e dinâmicas inconscientes que foram reproduzidas de geração em geração ao longo dos anos.

Ao conhecer sua ancestralidade, você pode desenrolar os emaranhados e os conflitos não resolvidos. Essa consciência permite que se liberte desses padrões e crie uma vida mais harmoniosa, equilibrada e feliz.

Abastecer-se dessa força possibilita sucesso em todas as áreas da sua vida: em seus relacionamentos, na vida profissional, prosperidade, saúde, você se conecta ao todo. É como um sistema perfeito em que todos fazem parte e no qual convivem em harmonia seguindo as leis universais.

A Constelação Familiar nos auxilia na busca por respostas. Acessar essas memórias armazenadas no inconsciente coletivo nos ajuda a entender as origens dos nossos comportamentos, dos vícios, das escolhas, das dores, das angústias e até da ansiedade. A consciência liberta e permite a cura.

Tudo o que seus ancestrais viveram possibilitou abrir os caminhos para a sua vida hoje. Essa nova consciência o liberta. Ela lhe permite deixar ir o que não serve mais para você aprender com o passado e viver o agora com intensidade, atenção plena, e, assim, construir o futuro que deseja. Permite realizar os sonhos de todos os que vieram antes.

Ser grato(a) à grande alma por essa oportunidade única de viver e ser feliz. Deixar um novo legado, liberta também todas as próximas gerações, modificando o campo morfogenético.

A conexão com a nossa ancestralidade nos faz encontrar o equilíbrio, viver em harmonia com as leis do amor, restabelecer a ordem. Explorar uma visão mais profunda de nós mesmos, o senso de pertencimento e o propósito de vida.

O reconhecimento, o perdão e o amor libertam todos do sistema, fazem com que você quebre um longo ciclo de mágoas, sofrimento e dor. A nova consciência possibilita essa nova mentalidade e estilo de vida, leveza, alegria e profunda gratidão pela existência e por suas oportunidades.

"Eu liberto os meus pais do sentimento que já falharam comigo." (Bert Hellinger)

Capítulo 8

Família de Origem – a Força do Pai e da Mãe

"De nossos pais temos tudo: o que somos e o que nos falta."

Bert Hellinger

Os nossos pais nos deram a vida, e a eles devemos o fato de estarmos aqui e agora com a oportunidade de experienciar, evoluir, crescer e curar. Ao reverenciarmos nossos pais, tomamos nosso lugar, restabelecemos a ordem e o equilíbrio. Tomar pai e mãe é aceitar receber deles tudo aquilo que puderam dar.

A consciência de que a vida só existe da união do masculino e do feminino faz com que possamos compreender também nossos sentimentos e nossas emoções. A base da família é essa união. O amor entre parceiros exige a renúncia do primeiro e mais profundo amor, o amor pelos nossos pais, nossa primeira família de origem.

Ao assumir a responsabilidade pelas nossas vidas, crescemos e, assim, formamos famílias, damos sequência ao ciclo de todo o sistema familiar. Porém, para que possamos ter equilíbrio, sucesso, deixamos de ser filhos para nos tornarmos adultos responsáveis pelas nossas próprias escolhas.

Na prática, muitas vezes, isso não ocorre. Por honrar nossa família de origem, carregamos conosco padrões, medos, traumas, crenças e carências, não nos permitimos viver um relacionamento adulto saudável. Tais processos geram vínculos emocionais profundos, como se a pessoa procurasse no parceiro aquilo que não recebeu quando criança.

A Mãe é a Vida, o Pai é o Mundo!

Todo relacionamento começa com a mãe. Ela nos dá a vida. É conexão profunda desde a concepção até o nascimento. Compartilhamos com nossas mães emoções; até um ano de idade, não nos enxergamos como indivíduos, é um vínculo muito forte. A amamentação nutre o ser com amor, vida e nutrientes. A vida veio por intermédio dela em toda sua grandeza.

Estar ao lado da mãe é a alegria mais profunda da criança, a primeira relação. Nossa mãe é a primeira provedora, ela nos ensina sobre o amor incondicional, aceitação, acolhimento, nos dá o nosso lugar no mundo. E essa conexão, quando saudável, nos possibilita sucesso na vida e na carreira.

"Nenhuma relação posterior tem êxito enquanto a relação primária não for bem-sucedida." (Bert Hellinger)

Tomar a mãe é reverenciar a vida que veio por meio dela. É tomar a vida em sua plenitude.

Para a Constelação Familiar, a compreensão do papel da mãe é muito importante. Por mais que a sua história tenha sido desafiadora, a vida ainda é maior. Entender, bem como aceitar esse fato, faz com que possamos seguir com gratidão.

Já a conexão com o pai ocorre quando entendemos que podemos desbravar o mundo. Já nos nutrimos de tudo o que foi necessário para nos desenvolvermos com saúde e plenitude e, agora, podemos seguir, com força, determinação, coragem, segurança.

É o lado forte do sistema, o provedor, o que ensina a dizer o "não" que nos fortalece. O pai tem a imagem do poder.

"Somente na mão do pai o filho ganha o caminho para o mundo." (Bert Hellinger)

O pai, segundo a Constelação Familiar, é presença essencial para o equilíbrio e o bem-estar de todos. Desse modo, ajuda os filhos a se sentirem protegidos enquanto exploram o mundo ao seu redor. Dentro do sistema familiar, tem o papel da ordem, da disciplina e a autoridade.

Hellinger ensina que o amor do pai representa o espírito e seu olhar vai para a amplitude. Enquanto a mãe se move dentro de uma área limitada, o pai ultrapassa os limites, expande fronteiras, encoraja o filho a desbravar novos caminhos.

Quando há harmonia nesse movimento, o filho conquista o mundo, porém, quando isso não é respeitado, o filho manifesta uma crença de que ainda é dependente e se faz um movimento em que ele se sente paralisado.

Muitas vezes, percebemos a vida travada em vários processos, e a constelação nos convida a olhar para nossas relações com o nosso sistema; treinar o olhar para entender o que move e guia as nossas vidas inconscientemente.

Quando criticamos e julgamos nossos pais, a vida se paralisa. Nenhuma área flui. Encontramos muito mais desafios pela frente. É como se nada fizesse sentido, se o vazio preenchesse nossos dias.

O caminho é reconhecer que só estamos aqui por causa de nossos pais. É preciso agradecer a vida que foi recebida. Tomá-los no coração com tudo que foi, do jeito que foi, para seguir sua vida mais livremente. Aqueles que tomam plenamente em si a mãe e o pai, sem nenhuma restrição, podem fluir em todos os aspectos.

Aceitar o destino dos pais, da maneira que foi, é aceitar a vida como ela é. E quando ainda há o julgamento, existe a negação àquilo que a vida entrega, e cobrar a vida é cobrar os pais.

Reconhecer os fracassos, os sofrimentos e as decepções, que foram vividos por eles, permite a liberação de laços para tomar o lugar na hierarquia familiar. Não importa de que modo se deu esta união, mas é a única forma da vida surgir. Reverenciar nossos pais faz com que o nosso coração se abra para o que nos é dado, assim, podemos também receber todas as bênçãos ainda disponíveis para nós.

Tomamos o direito de cumprir o nosso próprio destino, restabelecendo o equilíbrio e a ordem no sistema com base nas leis do amor. A vida segue o seu *flow*.

"A reverência provoca uma mudança na alma."
(Bert Hellinger)

Capítulo 9

Relacionamentos

"No relacionamento a dois, queremos alcançar algo que talvez não tenhamos conseguido no amor pelos nossos pais. Mas isso não dá certo sem que, primeiramente, o amor pelos pais comece a fluir."

Bert Hellinger

A vida é relacionamento, estamos constantemente nos relacionando. Fazemos parte do sistema familiar, de grupos de amigos, colegas de trabalho, pessoas que mal interagimos. O ser humano tem a necessidade de se relacionar. Dentro dessas múltiplas possibilidades, os relacionamentos afetivo-sexuais são as causas de grande parte das nossas dificuldades.

A premissa para que qualquer relação dê certo é o olhar para si mesmo, com muito amor, buscar sentir-se completo, sem precisar encontrar no outro o seu lugar, as respostas ou a "sua metade".

A primeira relação a ser curada é com o nosso passado, com a nossa família de origem, pai e mãe. Pergunte-se: como foi a sua relação com os seus pais? Ainda há julgamentos? Como foi o relacionamento deles?

A melhor forma de se aprofundar no caminho do autoconhecimento é olhar para os nossos relacionamentos, a começar pelo relacionamento que você tem consigo mesmo. Por meio das nossas relações, temos a chance de aprender, amadurecer e evoluir.

Quando não estamos bem conosco, buscamos suprir os medos, o vazio, nos relacionando com o nosso parceiro, a fim de dar conta desses sentimentos. Dificilmente essa relação dará certo, pois, ao cobrarmos do outro aquilo que nos falta, ou que não recebemos de nossos pais, sufocamos a pessoa, não confiamos, nos sentimos cada vez mais sozinhos e inseguros.

Mesmo que haja o sentimento do amor, o relacionamento não flui como esperamos. A todo momento, tentamos mudar, corrigir e controlar o outro, na esperança de modificar situações mal resolvidas do passado.

Ao nos relacionarmos com outra pessoa, ela sempre nos servirá de espelho, pois só enxergamos no outro o que muitas vezes não conseguimos olhar e aceitar em nós mesmos. Quanto menos nos conhecemos, maiores são as projeções que fazemos em nosso par. O contrário também acontece: quanto mais olhamos e trabalhamos nossas questões internas, maior a chance de nossos relacionamentos darem certos.

Enquanto não houver esse despertar, estaremos por vezes repetindo padrões ao andar em círculos que se repetem, e os relacionamentos tendem a fracassar.

Compreender a nossa própria história, as vivências de nossos ancestrais, suas escolhas, experiências, nos liberta. Quais foram as desarmonias vividas pelo seu sistema que podem reverberar até hoje em sua vida? O que seus familiares sentiam? Como eram os casamentos? Os homens assumiam responsabilidade? As mulheres casavam-se por livre e espontânea vontade?

A constelação nos auxilia a trazer clareza. Bert Hellinger trouxe luz sobre vários aspectos que fazem parte desse universo dos relacionamentos. É como ter poder para acessar todas essas informações, e com a grande oportunidade de ressignificar, limpar e transmutar essas experiências, abrindo o campo a fim de que possamos viver a vida que sempre sonhamos ter. Você ganha a consciência de que pode fazer novas escolhas, é livre para viver a vida que sonhar.

Segundo Hellinger, a ordem do amor entre o homem e a mulher envolve também uma renúncia, que já começa na infância, pois o filho, para se tornar homem, deve renunciar à primeira mulher em sua vida, que é sua mãe; e a filha, para tornar-se mulher, precisa renunciar ao primeiro homem de sua vida, seu pai. Ou seja, os filhos devem renunciar à sua família de origem para construir uma nova família.

Essa renúncia não significa esquecer ou excluir, mas entender que, a partir de agora, a nova família é a prioridade. Somente assim é possível amadurecer, crescer e ser feliz, ter um relacionamento saudável e duradouro.

Muitas vezes, ficamos presos às dinâmicas da nossa família e, desse modo, mesmo querendo, estamos indisponíveis para a nova relação. Nesse caso, os parceiros tentam "salvar" seus companheiros, pois sentem que eles não estão presentes. Mas isso não é possível e acabam sem querer prejudicando ainda mais a situação.

Quando um dos parceiros dá mais e recebe menos, o relacionamento fracassa. É necessário nesses casos restabelecer a Lei do Equilíbrio. Cada um se responsabiliza por 50% para que a relação flua e dê certo. Se um faz pelos dois, a relação entra em desarmonia. O que se doa demais sente a sobrecarga e isso enfraquece o casal.

Muitos de nós iniciamos uma relação com expectativas sobre como deve ser o parceiro. E se ele não atende a esses desejos, tenta-se a todo custo modificá-lo. Este é um modo de as relações serem malsucedidas. Quem não é respeitado da forma como é não pode permanecer na relação por respeito a si mesmo.

Ninguém muda ninguém.

Nós somos responsáveis somente pela nossa própria evolução e aprendizado. Aceitar os defeitos e as qualidades dos nossos parceiros nos possibilita o maior entendimento da vida. Isso vale também para as nossas relações com familiares, amigos e nos ambientes de trabalho. Cada um tem o seu lugar, o seu espaço, e isso deve ser respeitado.

Outro ponto importante para analisarmos é o encerramento de ciclos, de amores do passado. Se não houver a separação, na qual o respeito possa estar no lugar desse primeiro amor, isso pode influenciar negativamente as futuras relações.

Ao expandir essa consciência, buscamos o não julgamento e a autorresponsabilidade para encararmos os nossos medos, as nossas falhas, os nossos traumas. Assim, estaremos prontos para amar, sermos amados; para dar e receber o amor; nos relacionar com as pessoas por inteiro, permitindo-nos sentir, errar, recomeçar.

Capítulo 10

Prosperidade e Abundância

"O dinheiro possui uma dimensão espiritual. Ele reage como se tivesse uma alma e um faro fino para a justiça e a injustiça. Quer ficar com aqueles que o ganharam honestamente, com o suor do seu trabalho."

Bert Hellinger

O dinheiro, pelo olhar da Constelação Familiar, é energia a serviço da vida. Com ele, é possível fazer as trocas para suprir nossas necessidades. Trata-se do equilíbrio entre o dar e o receber. Eu sirvo a vida e ela me devolve.

Bert Hellinger dizia: *"dinheiro é algo espiritual! O dinheiro é vida. Sem dinheiro, ninguém pode sobreviver em nossa sociedade. O dinheiro nos permite continuar vivos"*.

Porém, muitos de nós percebemos o dinheiro como algo sujo, imoral, corrupto, injusto. As crenças a respeito dele são inúmeras, entre elas, a de que dinheiro não traz felicidade, a prosperidade e a abundância não fazem parte da vida de todo ser humano, ou não estão disponíveis.

Você já parou para pensar em quantas limitações tem a respeito desse tema? Quais são as crenças e os padrões que possui em relação ao trabalho e ao dinheiro? Qual o julgamento que faz a respeito disso?

Sabemos que o dinheiro é essencial para a manutenção da vida. Ele nos proporciona crescimento, possibilidades, estabilidade financeira e liberdade. Ele nos sustenta.

A lei que exerce maior influência sobre o fluxo de dinheiro é a do equilíbrio. O dinheiro, para permanecer com quem o recebe, exige que a troca seja justa para ambos. Quem recebe o dinheiro deve merecer, oferecer na sua troca algo compatível com o que está cobrando pelo serviço. Como vemos na situação em desequilíbrio, um dos dois lados se sente pressionado e sai da relação comercial.

Bert Hellinger aborda a influência do sistema na nossa forma de lidar com o dinheiro e o sucesso, comportamentos que seguem o emaranhamento familiar de geração em geração:

> *"O dinheiro possui uma dimensão espiritual. Ele reage como se tivesse uma alma e um faro fino para a justiça e a injustiça. Quer ficar com aqueles que o ganharam honestamente, com o suor do seu trabalho. Quer voltar para aqueles que trabalharam duro para obtê-lo*

ou para aqueles que o receberam de outros com a condição de administrá-lo e multiplicá-lo honestamente, a serviço da vida. O dinheiro que outros ganharam para nós quer ficar conosco quando os recompensamos corretamente. Acima de tudo, uma vez que pertence à vida, o dinheiro quer ser gasto e transmitido a serviço da vida. O dinheiro se alegra quando é gasto. Ele retorna ainda mais rico para nós."

Para ele, o dinheiro e seus movimentos são apenas uma manifestação do que está em nosso centro, que ele chama de alma. O dinheiro deseja servir nosso interesse pela vida. Por isso, se coloca à disposição naquilo que contribui para o avanço dela.

A nossa relação com o dinheiro está totalmente ligada aos padrões do nosso sistema familiar. Por isso a temática nos desafia. Quantas vezes você já ouviu: "Dinheiro não traz felicidade", "Eu nasci pobre, vou morrer pobre", "Dinheiro corrompe o ser humano".

E, principalmente, crenças relacionadas à escassez, à falta do dinheiro. É o fator limitador que afeta grande parte da sociedade. É fácil observar o tamanho do desequilíbrio, quando entendemos que as grandes fortunas estão concentradas com pouquíssimas pessoas, e a grande maioria não tem acesso ao dinheiro.

Porém, na visão da Constelação Familiar, ter dinheiro é assumir responsabilidade. A partir do momento que você o possui, deve movimentar a sua vida. É preciso assumir as suas decisões. Ter coragem de, muitas vezes, quebrar padrões familiares, se permitir ir além.

A falta de dinheiro pode estar relacionada à sua ligação com o passado, com a história da sua família. Quando não se tem dinheiro é mais fácil terceirizar a responsabilidade, assim não preciso agir, me esforçar para mudar a situação, ter coragem de vencer.

O caminho se faz ao caminhar. Mas nem todos estão preparados para assumir tais riscos. Ficar estagnado na zona de conforto, que muitas vezes não nos ensina ou estimula, é bem mais fácil do que realizar a verdadeira mudança.

Trata-se de assumir para si mesmo que você deseja mais, que tem ambição, que fará algo útil com a vida que lhe foi dada, deixando um legado para a humanidade. É preciso viver a vida e sua plenitude com saúde, prosperidade, sucesso e felicidade.

Crescer, evoluir. Amadurecer. Tomar decisões.

Só o adulto é capaz de fazer escolhas. A criança espera que alguém resolva e cuide das coisas por ela. Se ainda esperamos que nossos pais resolvam nossos problemas ou nos vitimizamos procurando os culpados pela nossa infelicidade, não estamos preparados para prosperar.

Nestes casos, é preciso perceber que aquilo que não recebemos quando criança, podemos conquistar agora na fase adulta, nas relações afetuosas, nas conquistas materiais, nos projetos e nos sonhos.

O movimento de aceitação da prosperidade e da abundância faz com que nós possamos reconhecer as situações do passado. Muitos em nosso sistema não tiveram as mesmas oportunidades que nós possuímos hoje. Dar um lugar para essa história, para todos aqueles que vieram antes, é abrir a porta para novas possibilidades, sem culpas ou ressentimentos.

Para honrar a sua história, trabalhe, cresça e vença.

Em nome de todos aqueles que vieram antes, sinta-se merecedor. Liberte-se das crenças negativas da ancestralidade. Se o dinheiro nos serve e está à nossa disposição, podemos usufruir dessa energia com consciência. Ter maturidade suficiente para lidar com ele.

Deve-se respeitar o que nossos ancestrais viveram, sofrimentos, lutas, dores. Agradecer o aprendizado que os escravos, os indígenas e os imigrantes nos deram, possibilitando hoje o nosso lugar ao sol.

Dentro da nossa origem, quantos poderiam olhar o trabalho como uma realização e felicidade? A felicidade viria com a aposentadoria, quando não fosse preciso trabalhar ou como sorte para se liberar do trabalho. E a mentalidade de ter a sorte, por exemplo, de ganhar na loteria? Ou casar-se com alguém com mais poses e poder?

O trabalho com propósito faz com que o dinheiro seja abundante em sua vida. E para a libertação de vínculos do passado, é necessário identificar as suas crenças que limitam o seu crescimento.

O que dificulta o processo são essas crenças familiares, os sentimentos que impedem o estado de presença e a entrega ao servir e, ainda, a sensação de incapacidade resultante de crenças de identidade.

A manifestação de querer sempre mais é uma programação do sistema em que no passado houve insatisfação pelos resultados obtidos. É possível carregar isso do pai, da mãe ou da ancestralidade dos dois lados, em honra ao sofrimento que foi vivido.

De Geração em geração, existem a insatisfação e a dificuldade em enxergar as conquistas. A cada trabalho ou emprego em que não se sentiu satisfeito, manifesta-se o sentimento de mágoa por não ter sido reconhecido, o que impede o passo adiante.

Dinheiro é Colheita

A colheita só vem quando plantamos com amor e cuidado.

Repetir situações do passado projeta-se nos resultados de hoje, naquilo que somos e vibramos. Ao se libertar das crenças limitantes, você encontrará a sua missão de vida, será remunerado e viverá bem, suprindo todas as suas necessidades.

Ao sentirmos gratidão aos nossos ancestrais, aos nossos pais, recebemos a bênção da prosperidade, permissão para seguir nosso propósito. O que o move, faz os seus olhos brilharem? Qual legado deseja deixar para a humanidade? O que o faz feliz?

O propósito de vida é a força interna necessária para realizar a missão. É aquilo que motiva a realizar seus sonhos. Se o foco está somente no dinheiro, pode existir um vazio. Mas é possível unir os dois, quando você encontrar esse caminho do equilíbrio.

O propósito nos faz enxergar com gratidão as realizações. A gratidão é sentida quando se tem um objetivo. É a consequência da missão realizada.

O Universo é abundante e próspero, e é necessário fazer essa conexão com a nossa missão, encontrar o que motiva a nossa caminhada, o que nos faz feliz, o servir a vida com plenitude e amor no coração.

Podemos realizar o inimaginável, somos centelhas divinas, e quanto mais nos conectarmos aos nossos dons, às nossas raízes, ouvirmos a nossa intuição e percepção, mais alinhados à abundância e à prosperidade estaremos.

"Se alguém ganhar dinheiro por seu desempenho, o dinheiro o ama. O dinheiro também quer render algo. Ser gasto em algo bom, que leve a vida adiante. Então se ganha mais dele." (Bert Hellinger)

Capítulo 11

Aceitação

"A aceitação é um ato de amor."

Bert Hellinger

Aceitar que tudo é como é: esse é o primeiro passo para a expansão da consciência na Constelação Familiar, pois tudo aquilo que excluo, finjo não existir, escondo debaixo do tapete, se volta contra mim, cresce até que eu consiga enxergar, aprender e evoluir.

Tudo tem um propósito. Aceitar é buscar entender a linguagem do Universo. Quais são os sinais que ele nos manda a todo tempo? Muitas vezes, por estarmos presos ao passado, nos limitamos a continuar olhando para trás, buscando respostas. Não se pode mudar o que passou. Mas podemos fazer hoje, ressignificar, transformar. Essa consciência nos faz despertar para as mudanças que se fazem necessárias em nossas vidas.

Você está disposto a olhar para as situações desafiantes da sua realidade? Pergunte-se: o que a vida quer me dizer com esta situação?

Enquanto não aceitamos as coisas como são, continuamos fracos diante da vida, lutando contra os fatos, buscando, inconscientemente, fazer diferente, mesmo sabendo que não se pode mudar o que foi.

Bert Hellinger ensinou que tudo de que nos queixamos nós querermos excluir. Porém, o caminho é integrar, aceitar e dizer ao Universo que faremos algo bom com tudo o que nos aconteceu, e se permitir recomeçar.

Quando aceito algo não significa que eu concorde com os fatos, mas aprendo com essa situação, com o passado, eu me liberto. *"Apenas digo SIM àquilo que é, à vida como ela se apresenta, sendo eu um pequeno grão de areia na enorme e generosa praia."* (Bert Hellinger)

Aceitação: Tudo é como é

Trata-se de aceitar o que é, ressignificar o sistema familiar, colocar a ordem, encontrar o equilíbrio.

A compreensão só é possível quando não há julgamento. É preciso incluir tudo, até a própria ideia de repulsa ao que observamos. O constante trabalho do não julgamento; se houve erros no passado, hoje podemos mudar essa história, fazer a diferença.

Hellinger dizia que essa reconciliação com o passado e com a vida começa na nossa alma. Quando o que quer que seja que rejeitamos, ou do qual temos vergonha, é reconhecido e mesmo amado, então nós podemos nos tornar mais completos e, assim, viver em paz.

A aceitação é parte fundamental do processo. Na vida há algo mais desafiador do que aceitar as coisas como elas se apresentam em nossas existências? É preciso olhar para os nossos problemas e questioná-los; se fazer mais perguntas sobre como nos sentimos em relação à vida. Entender que muitas vezes não temos o controle, pois, quanto mais resistimos às mudanças, maior será o sofrimento.

O papel da Constelação Familiar é expandir essa consciência: confie no fluir, tudo está a serviço da vida e de nossa evolução. Nada acontece por acaso, e estamos muito mais conectados ao todo do que imaginamos.

Nem sempre é como gostaríamos que fosse. Para entender como as curas acontecem com essa técnica, passamos a observar que quanto mais esvaziamos os desejos do ego, mais encontramos o caminho, o fluxo da vida. Passamos a aceitar o que vai embora e nos preparamos para receber.

É necessário aprender a confiar no estado de fluxo, aceitar o passado; aprender com os desafios, erros e acertos nos faz evoluir. Esse é o segredo da verdadeira transformação. Nós temos a chance de fazer diferente, com mais recursos, sabedoria, acesso ao conhecimento que nossos ancestrais jamais imaginariam.

Essa é a dádiva dessa nova consciência. Todo o nosso sistema está conectado, e nós fazemos parte dessa imensa árvore da vida. Antes de nós vieram nossos pais, avós, bisavós e tataravós, e assim por diante. São raízes profundas de crenças, padrões, dores e dons. É o perfeito equilíbrio da vida que se transforma constantemente de geração em geração.

Aceitar é respeitar o nosso destino. Não julgar as ações do passado. Olhar sempre para a frente, com o foco no que temos de verdade: o momento presente. Hoje, eu estou aqui, honro a minha história, as minhas raízes, me permito fazer diferente, com a consciência de que sou livre para fazer novas escolhas. Escolhas essas que farão com que todo o sistema receba essa luz, se liberte, encontre o caminho.

Crenças de Merecimento

Muitas vezes, a não aceitação está relacionada a crenças de não merecimento. Bert dizia que quando nós não nos enxergamos, o mundo também não nos vê. O mesmo acontece quando não valorizamos a nós mesmos. Eu busco no outro a expectativa da validação, a valorização. E isso não acontece até que você olhe para dentro de si com amor, até que você se aceite como é.

O sentimento de desvalorização pode surgir em várias etapas da vida:

- Com o nascimento de irmãos, que nos trazem a sensação de termos perdido o lugar de antes.
- Com as críticas negativas vindas de pessoas que você ama e admira.
- Com o amor interrompido: ser afastado de quem você ama.
- Com a autocobrança, sustentada por excesso de julgamento de si e dos outros.

- Com o atendimento de expectativas criadas pelos pais.
- Em conexão com a tristeza da mãe.

São algumas situações geradoras de impacto emocional que programam essas crenças. A mente seleciona circunstâncias que as confirmam. Elas o desconectam da realidade, é como se você acreditasse nos pensamentos limitantes e não conseguisse enxergar a verdade.

Sentimentos que sustentam a autodesvalorização:

- Eu não consigo emagrecer.
- Eu não consigo me estabilizar financeiramente.
- Eu não mereço ter dinheiro.
- Não consigo receber pelo que faço.
- Eu não sou reconhecido profissionalmente.
- Eu me sinto triste, incapaz, cansado e sem forças.
- Eu me sinto frustrado.
- Eu sinto inveja.

A busca por invalidar nossos resultados com a autocrítica só fortalece as crenças limitantes. Hellinger afirmava que *"a teimosia é a incapacidade de receber"*. Ou seja, enquanto estivermos presos aos padrões do passado, ou à necessidade de atender a nossa criança ferida, cheia de expectativas, não conseguiremos nos desprender desses emaranhados que nos levam ao fracasso.

A busca pela perfeição nos aprisiona. Ela não existe. Então, aceitar nossas vulnerabilidades nos torna livres para assumirmos nossa verdadeira identidade. Quando aceitamos os fatos, e a nós mesmos, estamos prontos para o próximo passo: a cura.

E a Constelação nos mostra múltiplos caminhos para esse entendimento. Se hoje você acredita que ainda não encontrou o seu propósito, se se sente fracassado, busque compreender quem você está atendendo com esses resultados, os sentimentos que o mantém neste lugar.

Para ter resultados diferentes, precisamos de atitudes e ações distintas, mas mudar assusta. Provoca também mudanças em todo o nosso sistema. Esse medo pode surgir inconscientemente. Podemos nos cobrar e continuar agindo sempre da mesma forma, para pertencer ao nosso sistema familiar. Quebrar ciclos, padrões e regras nos exige coragem. A coragem de ser quem somos, de assumir o nosso lugar, as nossas escolhas.

É preciso prender a amar e, por amor, nos permitir fazer a diferença.

"O perfeito não nos atrai. (Ele) descansa em si mesmo bem longe da vida normal. Só se pode amar o imperfeito." (Bert Hellinger)

Capítulo 12

O Não Julgamento

"A paz em nosso pensamento começa quando superamos o julgamento e o medo. Mas, não é tanto nosso julgamento e medo pessoal, senão o julgamento e medo de nossos ancestrais."

Bert Hellinger

O não julgar exige muita humildade. Nós julgamos o tempo todo. Nosso cérebro está treinado a prejulgar alguém ou situação em apenas alguns segundos. Então, sempre que olhamos para alguém com esse olhar do julgamento, partes nossas precisam ser vistas.

Todo julgamento é uma confissão, ou seja, se você tem muitas críticas ao seu sistema familiar, a seus pais ou a si mesmo, sabe o quanto é difícil lidar com os sentimentos de frustração, angústia e medo.

Para poder olhar para essa questão, é necessária uma profunda análise sobre autorresponsabilidade. Se o que me incomoda no outro tem mais a ver comigo, o que eu posso fazer para mudar?

O primeiro passo é o **AMOR**.

Quando eu me aceito, amo, respeito e valorizo, o verdadeiro movimento de transformação acontece. Somente quando começo a trabalhar a autocrítica e o autojulgamento que entendo que não somos melhores ou superiores a ninguém.

Esse foi o ponto mais desafiador ao longo do meu trajeto de aprendizado como consteladora.

O não julgar não significa esquecer, ou aceitar tudo, mas é um movimento de entendimento da vida, é como se liberássemos o peso desnecessário que carregamos ao condenar as ações de nossos ancestrais, por exemplo. Quanto mais julgamos, mais ficamos presos ao emaranhado de problemas deles; atraímos as mesmas situações desafiadoras para a nossa vida atual.

Fazer as pazes com o passado e com as nossas versões anteriores é o primeiro passo para a libertação desses emaranhados. Começamos a entender o todo, tudo o que influencia as nossas escolhas, temos poder de decisão.

"A reconciliação vai de encontro ao não julgamento." (Bert Hellinger)

O não julgamento não implica tolerarmos tudo, mas entender os limites de nossa compreensão sobre o todo e, no sistema familiar, todos temos que respeitar os limites do que deve ou não ser permitido. Isso exige treinamento da mente e observação constante de si mesmo, e a Constelação Familiar facilita esse processo.

Quanto maior o nível de expansão de consciência, o "não julgar" se torna mais efetivo, pois nos traz o entendimento de que não somos perfeitos e, dessa forma, não podemos exigir a perfeição de ninguém.

Só levamos para nossa vida os ensinamentos de que nossos ancestrais fizeram o melhor que puderam, com a consciência que tinham na época. Então, liberte-se da necessidade de agradar, da expectativa pela perfeição. Estamos aqui experienciando, aprendendo com erros e acertos.

Quanto mais condenamos as escolhas e as ações dos nossos familiares, mais agimos como eles e sofremos na carência do que não puderam nos dar. Buscamos compensar essa falta de muitas formas, até mesmo destruindo quem somos, por meio de vícios, autocrítica, falta de amor-próprio, confiança ou até mesmo doenças.

O autoconhecimento nos mostra que, quando julgamos alguém, estamos aprisionados a esses padrões. A aceitação de que tudo é como é e que cada um oferece o que tem nos liberta.

Quando nos desapegamos daquilo que não nos cabe carregar, nos conectamos ao que realmente pertence a nós mesmos. Então, conseguimos nos abastecer do que nos faltou e do que nos faz mais completos em nossa essência.

Nunca é sobre o Outro

Ao ofender alguém, sabemos que essa dor é nossa. Ao culpar o outro, deixamos de assumir nossa responsabilidade diante daquela situação.

É como se fosse mais fácil nos tornarmos vítimas da nossa própria história e enredo do que, de fato, assumirmos o que precisa mudar em nossas vidas, quais hábitos e vícios necessitamos abandonar para que a transformação aconteça.

"Quem julga os outros precisa temer que, por sua vez, também será julgado. Pouco importa se justa ou injustamente, pois todo julgamento, afinal de contas, é injusto porque é arrogante." (Bert Hellinger)

Trabalhe a Empatia

A palavra empatia vem do grego e significa "entrar no sentimento". No campo sistêmico, a empatia é a experiência de perceber o sentimento do outro, como se você fosse realmente o outro.

O grande ensinamento para aprendermos o "não julgamento" ocorre quando eu acolho e entendo sentimentos, atitudes e vontades do outro, eu me reconheço nele. Percebo que estamos conectados, e temos muito mais em comum do que imaginamos.

O olhar sincero e profundo se dá quando trabalhamos o amor universal. Esse aprendizado nos faz mudar a nossa percepção de como as coisas acontecem; é aprender o tempo todo com o outro, como ele contribui para a nossa jornada. Se fazemos parte do mesmo sistema, todos estão caminhando para a evolução.

Ao trabalhar a empatia, eu acolho, permito e me abro para receber novas informações, sentimentos e sensações. Coloco-me no lugar dos demais.

Nas Constelações Familiares, usamos uma frase que mostra esse movimento:

Eu Vejo Você!

Essa frase representa a profunda busca pelo não julgamento. Significa ter o olhar amoroso, o acolhimento, exercer a compaixão, a conexão, a empatia, a humanidade, pois todos SOMOS UM.

Eu vejo você
A sua história.
Suas perdas.
Os seus erros.
Seus valores.
A sua luz.
Eu vejo você e o aceito como você é. Não o julgo. Não o culpo.
Eu vejo além das expectativas.
Eu vejo a essência divina que nos une.
Eu vejo além do medo, das máscaras, dos padrões e da superficialidade.
Eu acolho e tomo consciência de quem somos.
Eu o valorizo. Respeito.
Eu aceito você como você é, pois você faz parte de mim.

Juliana Petroni

Capítulo 13

Constelação Familiar e Espiritualidade

"Aquilo que é essencial não pode ser observado. As coisas essenciais se encontram atrás das coisas que conseguimos observar. E como alcançamos o conhecimento essencial? Expomo-nos, por exemplo, a um cliente sem o desejo de que alguma coisa seja diferente daquilo que é. E expomo-nos a nós próprios sem o desejo de que devemos saber mais. Desta forma, tornamo-nos vazios. E então, de repente. aquilo que é essencial é visto."

Bert Hellinger

A Constelação Familiar trabalha a espiritualidade na busca da compreensão e da conexão com o Divino. É parte fundamental para entendermos que não somos somente a matéria e que tudo está conectado.

Atualmente, estamos muito distantes da nossa essência, como se agíssemos em um piloto automático inconsciente, sem saber aonde queremos chegar. Passamos os dias sem direção, e casos de ansiedade, angústia e depressão estão explodindo.

Mas como trabalhar essa conexão? Lembrando-nos de quem realmente somos: somos seres divinos. Fazemos parte da grande alma. Enquanto todos não estiverem despertos pelo amor, ainda haverá esse movimento de busca por respostas.

A espiritualidade não está ligada a uma religião, as pessoas confundem demais a temática e, por esse motivo, evitam aprofundar assuntos relacionados ao ser espiritual.

Somos seres espirituais experienciando neste plano material. O fato é que essa ligação é muito mais profunda e, ao nos distanciarmos da fonte divina, de nossa essência, paramos de cuidar dessa parte tão fundamental em nossas vidas.

Espiritualidade vem do latim spiritus, significa "respiração" ou "sopro", mas também "coragem" e "vigor". Assim, a espiritualidade pode ser vista como a qualidade ou estado de coragem e vigor. Na filosofia, é entendida a partir da oposição entre o espírito e a matéria.

A espiritualidade está ligada ao conhecimento da alma humana, à fé em suas habilidades, virtudes, nas crenças de que estamos neste plano para evoluir e cumprir a nossa missão. Em especial, aprender a amar primeiramente a nós mesmos e, assim, expandirmos esse amor a todos ao nosso redor.

Não é sobre templos e livros, mas uma conexão bem mais profunda com a dimensão interior do Ser que leva ao reconhecimento de si mesmo e do seu lugar no mundo.

Já a religião, entende-se por um conjunto de crenças e cultos, seitas, mitologias e doutrinas que sejam regidas por termos metafísicos. Podemos dizer que a religião é um conjunto de narrativas, símbolos e tradições, cujo objetivo é explicar e direcionar a existência. As religiões possuem hierarquias, ou seja, pessoas que ocupam uma determinada posição dentro da organização.

A Constelação Familiar não é uma religião, mas ela tem o propósito de nos conectar ao divino, à nossa essência, às nossas raízes. Faz-nos lembrar que somos muito mais do que a matéria e podemos expandir a nossa consciência.

Ela atua no inconsciente do sistema familiar, traz à consciência o que estava oculto e promove a solução do problema apresentado, bem como passos para a cura do sistema. Sendo assim, possibilita também o nosso crescimento espiritual.

A espiritualidade é o movimento de conexão com a fé, a bondade e o amor. Ela nos conecta ao todo, à Natureza, ao nosso sistema, à nossa alma e ao nosso propósito. Para nos conectarmos, podemos estar mais atentos ao simples.

É a alegria do dia a dia, a felicidade ao receber um abraço sincero, sorrir ao lado dos nossos amigos, o despertar da consciência de que a verdade que buscamos está nas pequenas coisas, nos momentos inesquecíveis ao lado dos que amamos, de cada degrau conquistado, das pequenas vitórias. O autoconhecimento liberta. Esse é o caminho.

Quando eu me conheço, me reconheço. Sei quem sou diante das adversidades, dos confrontos, das limitações. O despertar no faz buscar por mais respostas, por caminhos que nos elevam, transformam, transcendem. Quem sou eu, sem as máscaras, os rótulos ou os julgamentos? O que me faz feliz? O que me motiva? Qual o legado que desejo deixar para a humanidade?

A Constelação Familiar auxilia a desenvolver a expansão da consciência espiritual, pois estamos desenvolvendo habilidades, como entrar em contato com o vazio, a auto-observação, a percepção, a intuição, entre outras.

Essa terapia nos faz refletir a respeito de quem somos. É o verdadeiro desenvolvimento da **Inteligência Espiritual.**

A consciência espiritual é a conexão com a inteligência da alma, conexão com a nossa sabedoria interna. Quanto mais nos aprofundamos nos processos do autoconhecimento, mais conhecemos nossos desejos, sentimentos, medos e necessidades; nos curamos.

Aprendemos a valorizar as nossas virtudes, como a compaixão, o amor, a sabedoria, a honestidade, a fé e, assim, adquirimos competências espirituais. Nós nos tornamos mais flexíveis, adaptáveis, criativos, calmos, e encontramos maior facilidade de aceitação da vida como ela é.

Experimentar essa inteligência faz com que a vida seja mais leve, com sentido maior, há conexão verdadeira com o propósito. Assim, seguimos o caminho com comportamentos que transcendem, mais virtuosos, amorosos e conectados ao todo.

As constelações sistêmicas são um caminho para desenvolver a Inteligência Espiritual, a inteligência da alma, aquela com a qual podemos nos curar, nos tornar um todo íntegro e "podemos experimentar", simultaneamente, a conexão harmônica entre cada um de nós e o mundo em que vivemos. Desse modo, quando as Ordens do Amor se restabelecem em um sistema familiar, a espiritualidade segue o fluxo natural.

Siga a Sua Intuição

Na Psicologia, a intuição é entendida como uma parte natural de como as pessoas compreendem o mundo à sua volta. Esse entendimento de mundo ocorre por meio de duas formas principais de pensar: a primeira é mais intuitiva; a segunda é mais reflexiva.

C. G. Jung definiu a intuição como uma função psicológica importantíssima que pode nos guiar em diversas esferas da vida. Do latim intuiri, significa "ir dentro, ver interiormente, contemplar". Pode ser definida como uma experiência de percepção imediata e repentina, a captação súbita de uma informação vinda de um espaço interior em que não sabemos que sabemos, uma forma de ouvir a nossa própria sabedoria interna.

A intuição é definida como a capacidade de perceber, discernir ou pressentir uma explicação, independentemente de qualquer raciocínio ou análise.

Essa reflexão nos convida à expansão da consciência. Focar a solução nos permite abrir o campo das infinitas possibilidades que o Universo nos traz. É aprender a observar, ouvir, e permitirá que a intuição nos mostre qual o melhor caminho que devemos seguir.

Viver guiado pela intuição é expressar o que há de mais sagrado em nós. A vida flui com leveza e assertividade. O próprio Bert dizia que você, a partir de ponto, se permite ser guiado, a confiar no fluxo da vida.

Não é fácil praticar a intuição em um mundo que privilegia a mente lógica e concreta. Mas é possível também desenvolver essa habilidade. Faça uso de outros símbolos para representar as suas emoções, como mandalas, arte, arquétipos, músicas.

Deve-se estar em contato com a Natureza, os animais, as crianças, dançar, cantar, entre outras atividades que estimulem a sua conexão com níveis mais elevados da consciência.

"A intuição só funciona quando se olha em direção à solução. A visão de quem contempla o problema torna-se estreita, observa os detalhes, mas perde o todo. Aquele que olha para a solução abarca sempre, na sua visão, o todo a partir desse contexto mais amplo, vê uma saída. A saída dá-nos, a partir de um lugar qualquer, um sinal, uma piscadela de olho, e então dirigimo-nos a ela de imediato." (Bert Hellinger)

Capítulo 14

Constelação Familiar e Ho'oponopono

"O perdão chega quando se reconhece que nunca houve nada que perdoar e, sim, que havia algo para compreender."

Bert Hellinger

O **Ho'oponopono** é uma técnica ancestral de cura havaiana, na qual se acredita que nossos problemas têm origem em pensamentos negativos de memórias dolorosas do passado, e estas são responsáveis por causar desequilíbrios no sistema.

A prática nos permite curar essas memórias acumuladas, transformando a nossa realidade. Sua essência é simples, após compreendê-la fica fácil aplicá-la em diversas situações de nossas vidas, pois não existem regras quando falamos de expansão de consciência e do AMOR incondicional.

A técnica ficou mundialmente conhecida com a obra *Limite Zero*, de Joe Vitale.[2] O livro conta a história do psicólogo, Dr. Ihaleakala Hew Len, que trabalhou, na década de 1980, em um hospital psiquiátrico no Havaí em um ala dedicada a criminosos e portadores de doenças mentais.

O lugar era conhecido na região pelos horrores praticados por seus presos. As paredes eram escuras, havia problemas elétricos e hidráulicos, e os funcionários não permaneciam por muito tempo no local. Os detentos agiam com muita agressividade, ficavam muitas vezes algemados e sem banho de sol.

O cenário começou a mudar com a chegada do Dr. Len. As paredes foram pintadas, os colaboradores escolheram continuar em seus postos de trabalho e muitos pacientes pararam de tomar os medicamentos pesados com efeito tranquilizante. Com os detentos reabilitados, a ala foi totalmente desativada.

O fato mais surpreendente nessa história é o Dr. Len ter trabalhado por quatro anos no hospital sem nunca ter tido contato direto com os detentos. Mas qual era o segredo? O psicólogo contou que permanecia o tempo todo em sua sala, olhando a ficha de cada um dos presos e repetindo continuamente os mantras: **"Eu sinto muito; me perdoe; eu te amo; eu sou grato".**

Essas quatro frases simples possuem um poder de transmutação incrível. São inúmeros os relatos de pessoas que se curaram com o método e aprenderam a

2. VITALE, J. *Limite Zero: o Sistema Havaiano Secreto para Prosperidade, Saúde, Paz, e mais Ainda*. Rio de Janeiro: Rocco, 2009.

lição mais importante ensinada por ele: "Ao nos curar, curamos a nossa realidade e a de todos ao nosso redor".

A prática do **Ho'oponopono** permite liberar a energia bloqueada nas memórias celulares e espirituais, eliminando mágoas, dores físicas e emocionais, crenças limitantes e qualquer dificuldade do presente ou do passado, desbloqueando todas as áreas da sua vida: financeira, pessoal, profissional e espiritual.

Quando tomamos consciência da técnica, a aplicação se torna leve, é possível perceber a limpeza de emoções, dos sentimentos e dos padrões comportamentais que muitas vezes nos paralisam diante das dificuldades.

Você pode praticar a técnica para qualquer situação que esteja enfrentando em sua vida, a única regra é se permitir sentir, silenciar e mentalizar o poder que o mantra transmite. Ao praticar com a verdade de seu coração, será possível perceber seus benefícios quase instantaneamente.

Com a prática, você assume 100% da responsabilidade por suas escolhas. Torna-se responsável por tudo o que você olha, escuta, saboreia ou toca, simplesmente porque tudo isso faz parte da sua vida. Para curar a sua realidade, é necessário mudar a sua essência. Sei que pode parecer difícil de entender, mais ainda de aceitar e vivenciar. Colocar a culpa no outro, no sistema ou governo, por exemplo, é muito mais fácil.

A base do **Ho'oponopono** é autoamor. Se você deseja melhorar a sua vida, deve curá-la. Se deseja curar alguém, mesmo um criminoso mentalmente doente, você faz isso curando a si mesmo. E como conseguimos isso? Com prática e compromisso. Quanto mais você praticar, melhor irá se sentir.

Pontos importantes para o entendimento da técnica:

- Você é completamente responsável por toda sua experiência.
- Você não pode controlar todas as coisas.
- Você pode curar qualquer coisa que surja no seu caminho.
- Seja qual for o problema, a técnica propõe para mudar os padrões negativos, trabalhando os processos de perdão, transmutação e libertação em nós mesmos que podem "nos travar".
- O Universo, conforme você o enxerga, é uma manifestação dos seus pensamentos.
- Se você possui pensamentos doentios, cria para si mesmo uma realidade física doentia.
- Se os seus pensamentos são amorosos e saudáveis, você cria um mundo físico que emana amor.
- Todos Somos Um. Estamos conectados na trama da vida.

Como Essa Prática Tem Relação com a Constelação Familiar

Ao assumirmos 100% da responsabilidade por nossas vidas, mudamos a forma como enxergamos o mundo. Olhamos para o passado com gratidão, independentemente do que tenha havido. Honramos os nossos ancestrais, pai e mãe, sua história e, principalmente, despertamos o amor e a gratidão dentro dos nossos corações, nos libertando de medos, anseios, bloqueios, dores.

Isso envolve todo o sistema. Faz com que quem veio antes de nós também seja liberto e, consequentemente, as futuras gerações. Ou seja, ambas as técnicas podem ser trabalhadas juntas.

O perdão nunca é sobre o outro.

Seu desejo é mudar a energia de um ambiente? Sua vida profissional? Padrões, crenças e limitações? Assuma 100% de responsabilidade, peça perdão e liberte-se. O ambiente irá mudar a energia.

Parece fácil, mas a prática exige grandes transformações internas, como o desejo de acolher as dores, reconhecê-las e curá-las, de compreender de onde viemos e o que queremos para o futuro.

As duas técnicas nos ensinam a mudar a forma como enxergamos as situações, elas nos fazem refletir. Para praticá-las em nosso dia a dia, é necessário desenvolver a autorreflexão, a disciplina, e ter muita força de vontade para quebrar ciclos e mudar o rumo da sua vida e a de todos ao seu redor.

Nas Constelações Familiares, quando reverenciamos os nossos ancestrais, abrimos espaço para que possamos fazer novas escolhas, seguir outros caminhos. Nós nos libertamos de padrões, curamos as dores, perdoamos a nós mesmos, compreendemos que não há espaços para o julgamento do certo e errado, que tudo faz parte, todos estamos aqui para aprender e evoluir.

Sendo assim, o entendimento nos permite liberar memórias e pensamentos que nos prendem ao passado, assim como o ho'oponopono nos libera para seguir o fluxo da vida.

Algumas frases de ordem que podem auxiliar no processo dessas liberações:

- Divindade, limpe em mim o que está contribuindo para este problema.
- Amo as minhas memórias! Sou grato pela oportunidade que nos liberta.
- Divindade, limpe o que há em mim, o que possa ser a causa de algum conflito ou problema.
- Divino Criador, perdoe-me por isso que está em mim e que está criando essa situação indesejável.

Para fortalecer o processo, a técnica propõe que, no final de cada afirmação, você possa pensar ou entoar aquela que mais se adéqua à sua vida, ao seu momento atual, depois pode pronunciar: "Sinto muito; me perdoe; te Amo; sou grato".

Significados dos Mantras

Quando você diz **EU SINTO MUITO**, está assumindo 100% de responsabilidade e mostra o desejo de mudar.

Ao pedir **PERDÃO**, é iniciada a limpeza.

EU TE AMO é a afirmação de que você colocou energia positiva no processo.

SOU GRATO finaliza o processo, e é o agradecimento pelo poder de alterar a situação.

Exercício Prático

1º passo: Escolha uma situação na vida que você deseja curar agora.

Veja qual o principal ponto a ser trabalhado, suas dores, seus pensamentos e suas emoções que determinada pessoa e/ou situação lhe traz. Depois, coloque todos os aspectos que o incomodam no papel, por exemplo:

1. *Meu marido me abandonou. Ele é egoísta, não pensou nos filhos, não me ama mais.*
2. *Não consigo guardar dinheiro. Tenho muitas dívidas, não sou reconhecido no trabalho, meu chefe não me valoriza.*

2º passo: Escolha três comportamentos/pontos que destacou no passo anterior e olhe para dentro de si. Quais situações em que você se reconhece no outro ou na situação-problema?

3º passo: Perdoe-se! Agora que você já olhou para tudo isso, se reconheceu, percebeu a sua parcela de responsabilidade sobre a situação, vai olhar novamente para o papel e dizer:

Eu sinto muito por estar atraindo isso para a minha vida e estar me culpando ou me julgando por isso. Você é um elemento do que eu fui capaz de criar. Então, eu sinto muito, me perdoe pela minha responsabilidade em relação a isso.

O seu incomodo, por mais que doa, é de sua responsabilidade. O outro pode ter causado essa situação horrível mesmo em sua vida, mas esse é um problema dele, certo? Não é seu.

Então, diga: EU TE AMO, *eu entendo que você fez o melhor que podia fazer naquele momento. Eu reconheço o ponto de amor que está em mim, em você e em todo o Universo.*

E, por fim, é só agradecer. EU TE AGRADEÇO *por essa oportunidade única que você está me dando de gerar algo melhor para a minha vida e por todo o aprendizado.*

O importante é sentir essa verdade. Depois disso, entregue que estará feito, porque na mente, tudo o que você pensa e acredita é VERDADE!

Meditação Ho'oponopono

Sente-se de modo confortável com a coluna ereta, respire profundamente.

Inspire, expire pelas narinas.

Mais uma vez, respire profundamente. Volte totalmente a atenção para a sua respiração. Diga:

Divino Criador, Pai, Mãe, filho – todos em um.

Se eu, minha família, os meus parentes e antepassados ofendemos Sua família, parentes e antepassados em pensamentos, fatos ou ações, desde o início de nossa criação até o presente, nós pedimos o Seu perdão. Deixe que isso se limpe, purifique, libere e corte todas as memórias, os bloqueios, as energias e as vibrações negativas. Transmute essas energias indesejáveis em pura LUZ. E assim é.

Para limpar o meu subconsciente de toda a carga emocional armazenada nele, digo uma e outra vez durante o meu dia as palavras-chave do Ho'oponopono:

EU SINTO MUITO; ME PERDOE; EU TE AMO; SOU GRATO.

Declaro-me em paz com todas as pessoas da Terra e com quem tenho dívidas pendentes. Por esse instante e em seu tempo, por tudo o que não me agrada de minha vida presente:

EU SINTO MUITO; ME PERDOE; EU TE AMO; SOU GRATO.

Eu libero todos aqueles de quem eu acredito estar recebendo danos e maus- tratos, porque simplesmente me devolvem o que eu fiz a eles antes, em alguma vida passada:

EU SINTO MUITO; ME PERDOE; EU TE AMO; SOU GRATO.

Ainda que me seja difícil perdoar alguém, sou eu quem pede perdão a esse alguém agora, por este instante, em todo o tempo, por tudo o que não me agrada em minha vida presente:

EU SINTO MUITO; ME PERDOE; EU TE AMO; SOU GRATO.

Por este espaço sagrado que habito no dia a dia e com o qual não me sinto confortável:

EU SINTO MUITO; ME PERDOE; EU TE AMO; SOU GRATO.

Pelas difíceis relações das quais guardo somente lembranças ruins:

EU SINTO MUITO; ME PERDOE; EU TE AMO; SOU GRATO.

Por tudo o que não me agrada na minha vida presente, na minha vida passada, no meu trabalho e o que está ao meu redor, Divindade, limpe em mim o que está contribuindo com minha escassez:

EU SINTO MUITO; ME PERDOE; EU TE AMO; SOU GRATO.

Se meu corpo físico experimenta ansiedade, preocupação, culpa, medo, tristeza, dor, pronuncio e penso: Minhas memórias, eu te amo! Estou agradecido pela oportunidade de libertar vocês e a mim:

EU SINTO MUITO; ME PERDOE; EU TE AMO; SOU GRATO.

Neste momento, afirmo que TE AMO. Penso na minha saúde emocional e na de todos os meus seres amados... TE AMO.

Para minhas necessidades e para aprender a esperar sem ansiedade, sem medo, reconheço as minhas memórias aqui neste momento.

SINTO MUITO, TE AMO.

Esta oração é minha porta, minha contribuição, à sua saúde emocional, que é a mesma que a minha, então, esteja bem. À medida que você for se curando, eu lhe digo que...

Eu sinto muito pelas memórias de dor que compartilho com você.

Peço-lhe perdão por unir meu caminho ao seu para a cura.

Agradeço-lhe por estar aqui para mim...

E TE AMO por ser quem você é.

Permita que a limpeza seja feita na paz do eu. Que eu possa acessar as infinitas possibilidades que sou capaz de receber. Que a luz violeta envolva nossos corpos agora. Que isso seja purificado, que essas recordações e vibrações negativas sejam transmutadas em luz. Está feito!

SINTO MUITO; ME PERDOE; TE AMO, SOU GRATO (diga três vezes).Eu te amo...

Sinto muito...

Por favor, me perdoe.

Gratidão.

Eu me amo.

Eu me aceito.

Eu me perdoo...

Eu sou. Eu sou.

Está feito. Está feito. Está feito...

Gratidão!

Capítulo 15

A Função do Facilitador Sistêmico

"Aquilo que é essencial não pode ser observado. As coisas essenciais se encontram atrás das coisas que conseguimos observar. E como alcançamos o conhecimento essencial? Expomo-nos a uma situação sem o desejo de que ela seja diferente daquilo que é. Expomo-nos, por exemplo, a um cliente sem o desejo de que alguma coisa seja diferente daquilo que é. E expomo-nos a nós próprios sem o desejo de que devemos saber mais. Desta forma, tornamo-nos vazios. E então, de repente, aquilo que é essencial é visto."

Bert Hellinger

O facilitador da Constelação Familiar assume grande responsabilidade ao atuar com essa técnica de cura e equilíbrio, pois é necessário conhecer-se profundamente. Saber silenciar. Trabalhar com humildade, empatia e compaixão. Deixar de lado as suas dores para atuar e ouvir as necessidades do outro. Ser um servidor da luz e do amor divino.

É preciso adotar a postura de imparcialidade. Encontrar o centro do vazio, um profundo estado meditativo que nos possibilita o encontro com o Todo. Somente assim, será possível acessar as múltiplas informações disponíveis.

Deve-se desenvolver a capacidade de observar, intuir, perceber e agir. Essas são apenas algumas competências essenciais que o constelador deve desenvolver ao longo da sua experiência.

As atitudes e as posturas que o terapeuta assume diante do paciente são fundamentais para conduzir com responsabilidade as forças do campo de maneira ampla, objetiva, e que o leva aos caminhos de solução de uma Constelação.

Ao se permitir sentir o campo, o constelador se conecta ao todo, coloca-se a serviço da vida, é o verdadeiro instrumento de luz para guiar o processo de libertação, equilíbrio e cura de um sistema.

Bert Hellinger ensinou o caminho aos que desejam seguir praticando a técnica:

- *Permanecer no centro do vazio.*
- *Observar.*
- *Perceber.*
- *Intuir.*
- *Agir (dar passos assertivos).*

Na Constelação Familiar, não associamos o "vazio" ao que geralmente tratamos como vazio existencial, sensação de angústia e falta de perspectiva. A ideia é olhar para esse vazio como o silêncio profundo, a verdadeira conexão com a consciência superior, contato com o divino, a nossa verdadeira essência. Esse é o lugar onde acessamos a fonte das infinitas possibilidades.

Imagine que o campo vibra, está em constante movimento, assim como tudo no Universo, se transformando a todo instante. Esse é o modo como o constelador enxerga o campo sistêmico. Cada movimento é como uma dança, que mostra o caminho a seguir, à medida que a constelação vai se desenrolando.

A observação no vazio possibilita enxergar além, muitas vezes coisas que não conseguimos ver com os olhos, mas sim perceber com a intuição e a percepção dessa energia sutil que nos permeia.

Em muitas filosofias orientais, o vazio é compreendido como o estado de consciência pura, de unidade, de conexão com a energia universal, o todo. É a expansão de consciência. É entrar em sintonia com a "força maior", como o próprio Hellinger denominava. Esse estado nos proporciona entrar em contato com diversos níveis de profundidade do SER.

Ao nos conectarmos com o vazio, esvaziamos os nossos sentimentos, pensamentos, as nossas emoções, memórias, crenças e os nossos padrões, e somente assim permitimos acessar o campo, as informações disponíveis para aquele momento.

Qualquer indivíduo é capaz de perceber o centro do vazio, ao se concentrar em sua respiração, meditar, silenciar e esvaziar-se de si mesmo. Porém, o constelador tem como premissa praticar esse contato com o vazio, com o todo. A Constelação começa no coração do constelador.

A forma mais eficaz para o terapeuta que atua com Constelação poder perceber o vazio é praticar a meditação diariamente, treinar a mente para poder se esvaziar de si quando necessário, se doando ao campo como um instrumento de cura e luz.

Meditar todos os dias por, pelo menos, cinco minutos irá auxiliar o profissional a ter mais concentração, foco e atenção. A meditação traz inúmeros benefícios comprovados cientificamente pela neurociência para a saúde física, mental e emocional, além de auxiliar no processo de autoconhecimento, autodesenvolvimento, na expansão da consciência, em habilidades como autorresponsabilidade e auto-observação.

A observação de si mesmo faz com que os pensamentos desacelerem, deem pequenas pausas, entre um e outro, e nesse espaço, é possível encontrar o vazio. As práticas meditativas auxiliam o constelado a ter mais disciplina, acessar as informações do campo sistêmico com maior facilidade.

Existem inúmeras técnicas da prática da meditação. Um dos métodos mais difundidos em todo o mundo é o *Mindfulness*, a atenção plena, foco em observar o interno, nossos pensamentos, sensações e sentimentos; e o externo, sons, objetos, pessoas, cores e, assim, trazer a seleção dessas informações à consciência.

Trata-se da respiração pausada, em quatro momentos: inspiração, pausa, expiração e pausa novamente; em toda pausa encontra-se o vazio. Então, podemos dizer que, ao praticarmos a respiração consciente, podemos entender como a mente, as emoções e o corpo funcionam em perfeita harmonia e equilíbrio.

O facilitador deve, antes de tudo, trabalhar profundamente em si mesmo, em todos os aspectos da sua vida. Olhar para as suas relações com suas raízes, suas escolhas, viver as leis sistêmicas, assumir a responsabilidade de buscar a cura para si e para todos ao seu redor, com humildade e respeito.

Independentemente da prática que o constelador escolher, essa rotina irá auxiliar demais o trabalho com as constelações sistêmicas. O profissional poderá permanecer no centro do vazio e ativar as capacidades de observar, perceber, intuir e, assim, agir com mais precisão possível no campo sistêmico.

Quando meditamos e mantemos a atitude meditativa, conseguimos ter uma atenção concentrada, indispensável ao bom desempenho do constelador. Somos capazes de fazer tudo o que precisamos, com mínimo esforço e máxima eficácia.

Ao meditar sistemicamente, sugerimos ao nosso cérebro o desenvolvimento de habilidades, como concentração, atenção e contemplação. É uma das práticas mais eficientes para expandir nossa atitude consteladora.

Meditar é a prática constante do vazio, o contato com a consciência superior, é poder observar o campo sistêmico sem julgamento e a si mesmo sem críticas. É aprender a analisar os movimentos, como uma dança no campo. Cada gesto, reação, expressão corporal nos mostram qual caminho seguir.

E estar 100% presente no campo sistêmico permite ao constelador observar a linguagem não verbal, aprimorar os demais sentidos, a audição, a visão, a intuição e a percepção.

O constelador deve estar preparado para se permitir sentir. O tom que cada representante traz, seus gestos, posturas manifestadas indicam a direção a seguir. Essa leitura do campo permite uma visão mais ampla, por exemplo, de um simples olhar para baixo ou para o vazio que, naturalmente, é observado também pelos demais.

O facilitador observa se o consultante está receptivo ou não pelo olhar; pela direção do corpo; pelos braços abertos ou cruzados; pelo corpo relaxado, tenso; pelas mãos fechadas; pela fala pousada; pela respiração calma ou ofegante; pela coerência ao formular ideias, choro, sorrisos, entre outros. Ele faz parte do campo, então pode também observar o seu próprio corpo, peso nos ombros, aperto no peito, falta de ar, arrepios. Tudo que acontece ali dentro traz uma informação a ser observada, sentida.

É no treino, no estado de presença no aqui e agora constante, que as respostas chegam. Não é possível mergulhar na profundidade do campo sistêmico se não mergulharmos no fluxo da nossa própria profundidade.

Perceber o campo é ter a capacidade de processar, selecionar e organizar as informações obtidas especialmente pelos sentidos. Cada um observa e interpreta a realidade de acordo com o seu ponto de vista, sua realidade, cultura, família, suas crenças, seus valores e padrões. Então, exercer a percepção é também expandir a consciência, pois exige que o profissional amplie o seu modelo de visão, o seu mapa mental, para enxergar o mundo além de suas lentes.

Tanto no campo das Constelações como no dia a da, é preciso ter serenidade para observar tudo o que nos acontece sem reagir. Processar tudo o que recebemos pelos cinco sentidos. Expandir a consciência e trazer a mente para o aqui e agora.

É necessário aprender a ouvir o silêncio; o que as palavras não ditas querem nos mostrar. Esse é o estado conquistado com a prática da meditação.

Observação, autopercepção de campo; aprender a filtrar as próprias crenças, separar o que acontece no movimento sistêmico do desejo do que gostaria que acontecesse, isso tudo nem sempre resulta no que se espera. É preciso confiar no processo, aceitar, acolher.

Deve-se permitir a expansão do coração ao incluir cada informação no campo, mesmo que ela seja de sentimentos de raiva, dos excluídos, das vítimas e seus algozes, dos insultos, dos elogios, dos olhares amorosos e dos cheios de ódio. Tudo isso é válido no campo, e cabe ao facilitador restabelecer as ordens sistêmicas, trazer leveza, equilíbrio e luz ao sistema.

O constelador sistêmico também precisa desenvolver habilidades e recursos para atuar com assertividade; ouvir, perceber, intuir a solução, colocar o movimento em ação para que o campo se transforme.

As palavras-chave são autoconfiança e confiança no campo sistêmico. Confiar em cada ciclo, desde o início, ao ouvir o consultante, até cada movimento, gesto e palavra que o direciona para a solução.

Práticas Meditativas

Mindfulness

Sente-se confortavelmente. Deixe a coluna ereta. Busque relaxar o corpo e a mente.

Inspire e expire pelas narinas. Ao inspirar, preencha os pulmões com ar. Depois, ao expirar, esvazio-os por completo.

Repita esse movimento. Preste atenção somente na sua respiração. Ao inspirar, preencha-se de vida; ao expirar, solte o controle.

Silencie a mente, os pensamentos.

Sempre que os pensamentos vierem, busque voltar a sua atenção na sua respiração.

Permaneça concentrando-se na sua respiração.

Faça isso por, no mínimo, cinco minutos.

Meditação – Expansão da Consciência

Sente-se e mantenha a coluna ereta, relaxe o corpo, busque uma posição confortável.

Feche os olhos.

Inspire pelas narinas e preencha todo o pulmão. Expire e solte todo o ar.

Faça esse movimento mais vezes. Tenha atenção na respiração. Solte a tensão.

Ao inalar, imagine uma forte luz, a energia divina, preenchendo o seu corpo; ao expirar, deixe ir todo o peso, os pensamentos indesejáveis, o sofrimento, a dor.

Inspire e se preencha dessa luz.

Expire e solte. Libere. Permita deixar ir.

Relaxe a sua mente. Deixe os pensamentos vagarem. Quando eles vierem, acolha-os.

Afaste as preocupações. Aquiete a sua mente. Volte a atenção para a respiração e sinta o seu corpo cada vez mais leve, como se o vazio começasse a preencher você.

Conecte-se com o silêncio, com a sua essência divina.

Visualize um lindo campo, onde a paz invade o seu ser.

É seu lugar de paz, de conexão com a Natureza. Como você imagina ser esse local?

Permita-se sentir e passear por esse espaço. Observe seu corpo, suas emoções, as sensações no corpo.

Olhe com amor para dentro de si, se preencha desse amor.

Conecte-se com a sua sabedoria interna, suas virtudes, suas mais profundas experiências, seus desejos, sonhos, com o seu Eu superior.

Aqui, agora, só há espaço para a luz e o amor.

O que a sua sabedoria interna lhe diz? Expanda a sua consciência e se permita sentir, intuir e perceber as respostas.

Você é um com o todo. Consegue sentir a energia que flui pelo seu corpo

Ao se conectar com o todo, perceba o que muda.

A nova consciência que surge.

Você está calmo, relaxado, alegre.

Aos poucos, volte a atenção para a sua respiração. Faça leve movimentos, mexa o corpo, o pescoço, os braços, as mãos e as pernas.

Retorne a sua atenção no aqui e agora. Faça uma profunda respiração. Alongue-se. Abra os olhos e sinta a plenitude.

Capítulo 16

Práticas Sistêmicas – Frases de Solução

"A paz começa onde cada um de nós pode ser da forma que é, onde cada um de nós permite ao outro ser tal como é e ficar onde está. Isso significa, ao mesmo tempo, respeitar os limites mútuos, que ninguém ultrapassa o limite do outro, que cada um permaneça dentro do âmbito dos seus próprios limites."

Bert Hellinger

A prática da Constelação Familiar busca restabelecer a harmonia, trazer soluções e clareza para todo o sistema. Ao expandir a consciência, aceitar o destino de cada um e reverenciar o passado, tornamo-nos humildes perante qualquer situação.

A técnica propõe trazer a consciência de que cada membro possa tomar o seu lugar, respeitar o espaço do outro e, assim, transformar a sua realidade, a forma como lida com os problemas e a sua postura diante da vida.

Quando identificamos quais são as leis em desarmonia, utilizamos frases de solução para trazer o equilíbrio para a situação, frases que serão repetidas pelos representantes ou pelo próprio constelado, até gerar harmonia e liberação de sentimentos e sensações que nos fizeram buscar por respostas.

As frases de solução trazem a compreensão daquilo que estava fora de ordem. Elas auxiliam no processo de cura, expandem a consciência do que precisa ser visto, trazem entendimento e aceitação.

Todas as vezes que repetimos as frases, podemos sentir quais são os sentimentos e as sensações no corpo que cada uma delas proporciona, trata-se de liberação dos traumas e de muitas crenças. Elas trazem a sensação de liberdade, paz, tranquilidade e leveza.

Cabe ao facilitador encontrar o caminho para direcionar a Constelação Familiar, pois não há regra, cada um sente e entende à sua maneira. Ao compreender qual a lei sistêmica que estava em desarmonia, a mudança de postura acontece imediatamente.

As frases precisam ser ditas com respeito e seriedade. Como toda técnica, é preciso se permitir sentir, repetir cada uma delas até que faça sentido. O sentimento após repetir cada frase de solução é de aceitação e paz. Somente quando estamos com o coração em paz percebemos que as mudanças ocorreram.

Algumas frases utilizadas nas constelações sistêmicas:

- Eu vejo você!
- Você é grande e eu sou pequeno.
- Você é a mãe (pai), eu sou a criança.
- Você dá e eu recebo.
- Agora eu tomo o meu lugar.
- Eu aceito com gratidão o que recebi de você.
- Eu aceito e respeito o seu destino.
- Quando olho os nossos filhos, eu vejo você.
- Eu agradeço o que recebi de você.
- Agora eu posso ir.
- Eu tenho um lugar no meu coração para você.
- Agora eu deixo você ir.
- Agora você pode seguir o seu destino.
- Eu vou honrar a vida que me deu sendo feliz.
- Este era o meu destino.
- Quando vejo você, eu enxergo o seu destino.
- Obrigada(o) pelo que recebi de você.
- Eu sou seu pai e lhe dei a vida.
- Eu devolvo aquilo que não me pertence.
- Este(a) é seu(sua) pai (mãe).
- Eu sou seu(sua) pai (mãe) e você pode tomar meu amor agora se quiser.
- Você faz parte.
- Eu reverencio o seu destino.
- Quando olho você, eu enxergo a sua dor.
- Eu deixo com você aquilo que é seu.

- E agora completo o que ficou faltando.
- Eu sou a resposta daquilo que vocês me ensinaram.
- Quando o vejo, eu o reconheço como meu pai.
- A sua relação com minha mãe nada tem a ver comigo.
- Eu agradeço o encontro de vocês que me gerou a vida.
- Eu aceito a sua mão para me direcionar ao mundo.
- Assim eu sigo confiante da sua força dentro de mim.
- Eu recebo a sua bênção com gratidão.
- Eu vejo todos vocês.
- Eu vejo o caminho que trilharam para que eu estivesse aqui.
- Eu venho trazer o novo.
- Para mim, a vida é mais leve. Eu tenho escolhas que me levam ao sucesso.
- Eu libero em mim a crença: (o trabalho é pesado, de que sou menor, de que alguém pode me tirar o lugar, de que não consigo).
- Eu curo e liberto as dores da minha história.
- Eu libero do meu corpo a programação dos pesos que vocês carregaram.
- Eu limpo as minhas células, e programo agora a leveza e a Fé no Universo.
- Eu me permito servir para a evolução da vida, manifestando os meus dons!

Práticas Sistêmicas

Uso dos Bonecos

O uso de figuras, bonecos ou objetos para a realização do trabalho de Constelação Familiar acontece para que haja o entendimento dos sentimentos e das emoções representados no campo. Também torna possível o atendimento individual presencial ou on-line.

Os bonecos são identificados pelo constelado como representações das pessoas e das situações que serão trabalhadas na sessão. O constelado toca com o dedo anelar da mão esquerda a figura e, assim, entra em contato com o sentimento ou sensação daquele que é representado. Em caso de atendimento on-line, o facilitador toca o boneco e pergunta sobre o sentimento.

O constelado escolhe o boneco ou figura que será o representante, assim já cria identificação de acordo com algumas características que chamem a sua atenção. Para iniciar o trabalho, seguimos os passos indicados a seguir: após a definição do tema junto ao cliente, ele escolhe a figura e começa a desenhar a sua constelação, qual a posição, o sentimento e, aos poucos, o facilitador encontra o caminho para restabelecer o equilíbrio e colocar harmonia nas leis sistêmicas. A sessão segue com as indicações das frases até que se encontre o caminho para a solução.

Constelação com Âncoras

As âncoras espaciais também são utilizadas para o trabalho nas sessões de Constelação individual. A ideia é ter apenas um representante que se coloca no lugar de vários envolvidos na situação. Cada vez que o cliente entra em uma posição, o facilitador pergunta sobre os sentimentos e as sensações dele, e entende o que precisa de luz e harmonia naquele momento.

É a partir da identificação desses sentimentos que se chega à solução, pedindo que sejam repetidas as frases de solução que manifestam o respeito à lei que está em desarmonia. Esta técnica é muito significativa para trabalhar questões da Lei da Ordem Familiar.

Atendimento Individual – Exercício Meditativo

É possível trabalhar a Constelação Familiar somente por meio daquilo que o cliente tem gravado na sua memória consciente ou inconsciente. A conexão entre facilitador e cliente é muito importante para se conseguir um resultado positivo. Existe um campo que direciona o constelado a soluções.

O facilitador guia o cliente trabalhando o seu inconsciente, ou seja, toda a sabedoria que ele já possui internamente para levá-lo a novos resultados. O que vale é identificar a situação que gera sentimentos negativos e ressignificar os fatos com uma nova compreensão. Desse modo, media-se a meditação e, assim, leva-se o cliente a liberar esses sentimentos e emoções que o prendem ao passado.

Constelação Familiar em Grupo

No modelo em grupo, o constelador reúne um grupo de pessoas para poder realizar a constelação.

Qualquer um pode participar, basta se permitir sentir para trazer os sentimentos e as sensações presentes no campo.

O trabalho é guiado pelo facilitador. O cliente escolhe o tema e os seus representantes. Assim, inicia-se o trabalho, que é guiado pelos movimentos do corpo, os quais chamamos de atuação da alma.

Os representantes sentem e apresentam as sensações e emoções como sendo membros da família do outro sistema. Não é necessário conhecer a história, nada sobre o outro. O campo morfogenético traz as informações necessárias que serão trabalhadas na sessão.

A participação de pessoas como representantes facilita a visualização do cliente em relação ao contexto de emaranhados e reações mais visíveis, leis sistêmicas que estão em desarmonia. É como se tivessem a oportunidade de olhar para as suas vidas como uma terceira pessoa e, portanto, liberar traumas, medos, anseios e dores.

É um processo bem profundo de encontro ao ser. E todos os que participam, mesmo que como representantes, são beneficiados pela egrégora de cura que o campo proporciona.

Exercício Prático

Meditação:

Reserve uns instantes para silenciar. Respire profundamente.

Inspire e expire.

Coloque-se em contato com seus sentimentos e pensamentos.

Quais são os mais recorrentes? O que tem tirado o seu sono?

Pergunte-se: o que essa situação está tentando me fazer enxergar?

Ouça a voz do seu coração.

Tente perceber quais as sensações em seu corpo quando alguns pensamentos rondam a sua mente. Desde quando você se sente assim?

Observe-se.

Agora, imagine uma forte luz preencher o seu corpo, lhe trazendo paz e relaxamento.

Aos poucos, esvazie-se. Deixe ir tais pensamentos, as preocupações e as sensações.

Apenas relaxe. Traga a sua mente para a sua respiração.

Agora se conecte ao vazio, ao silêncio. A resposta está dentro de você!

Capítulo 17

Vivências

"O sentido da vida é a vida em si, nada além disso. A vida, tomada como ela é, tem sentido. Somente quando não nos expomos a ela, tal como ela é, a experimentamos sem sentido. Por isso, o sentido da vida depende, amplamente, daquilo que cada um faz com aquilo que lhe foi predeterminado."

Bert Hellinger

Estudo e vivencio as Constelações Familiares há anos. Sou fascinada por essa técnica que expandiu a minha consciência, e me fez enxergar a vida, minhas relações e o mundo com um novo olhar. Pude experienciar curas incríveis, mudanças de padrões mentais, emocionais, reencontros com a essência e a vontade de viver.

Mas como tudo que compartilho, primeiramente, procuro ter as minhas próprias experiências. Conheci a técnica por indicação da minha irmã Carolina Petroni, ao me relatar suas mudanças após a terapia. Eu sou muito curiosa, jornalista por formação, sempre busquei compreender como as coisas funcionam; entender qual era o meu lugar no mundo, o meu verdadeiro propósito.

Foi em um dos momentos mais desafiadores que tive a oportunidade de vivenciar a Constelação Familiar com profundidade. Minha vida foi sempre cheia de altos e baixos. A busca pelo autoconhecimento e pela espiritualidade guiou meu caminho.

Tenho a sorte de ser filha de uma mulher inspiradora, Margarete Petroni, que me ensinou tudo a respeito de energia, sobre a vida e a sabedoria ancestral. E por compreender minimamente esses movimentos do Universo, me encantei com a teoria e a prática sistêmica.

Venho de uma família de mulheres que curam. Minhas ancestrais benziam. Minha mãe se formou em diversas técnicas terapêuticas, com o objetivo de curar e levar expansão de consciência às pessoas. Eu sempre amei fazer parte de um sistema tão lindo, me sentia grata e orgulhosa. Mas foi quando conheci a teoria de Bert Hellinger que pude compreender melhor quem eu realmente SOU.

A vida nos mostra muitos caminhos. A todo momento, podemos fazer escolhas. Elas nos levam aos lugares mais lindos ou obscuros. No meu caso, busquei ajuda quando me vi no fundo do poço. Vi-me sem rumo, sem entendimento, sem vontade de viver.

É desafiador para nós que atuamos com a cura falar sobre nossas vulnerabilidades, nossas dores, nossos medos e anseios. Mas costumo dizer que, por sermos seres humanos, jamais podemos nos considerar acima do bem e o do mal. A todo instante, estamos oscilando entre o positivo e negativo, entre os bons e maus pensamentos e sentimentos.

Comigo não foi diferente. Casei-me jovem, fui mãe no mesmo ano do meu matrimônio. Precisei de força e coragem para concluir projetos simples, como o de me formar na faculdade de Comunicação. Lembro-me de que, no período, cheguei a pensar que não seria capaz, mas a força de ver aquele sonho concretizado foi maior. E contrariando muitos, me formei, me casei, e fui a melhor mãe e esposa que eu pude ser.

Mas nada parecia o suficiente. A autocobrança e o julgamento faziam parte da minha rotina. Tudo que eu fazia era questionado, como se nunca fosse ser capaz de concluir as etapas que tinha estabelecido para a minha vida. Escolhi silenciar as emoções e os medos e seguir mesmo assim. Peguei o peso e o levei comigo nas costas por bons anos. O casamento fluiu, conquistamos bens materiais, tivemos mais um filho. Ainda assim me sentia incompleta.

Após o nascimento do meu segundo filho, o alerta enorme começou a acender dentro de mim. O que realmente eu quero para a minha vida? O que me traz alegria? Brilho nos olhos? Motivação?

A maternidade nos transforma. Muda completamente a forma como lidamos com as questões da vida. Nós nos deixamos de lado para cuidar, amar e zelar os filhos. Esquecemo-nos de cuidar de nós mesmos. E eu fiz isso, por anos. Fui levando a vida no piloto automático, como se no fundo soubesse que aquela não era a direção. Mas segui. Até que um dia o escuro se fez presente. Precisei pedir ajuda para sair daquele lugar.

Não foi nada fácil admitir que a dor era maior que a alegria, que o vazio se fazia presente. Eu tinha tudo: uma casa, o marido ao meu lado, meus filhos. Contudo, não sabia mais quem eu era. Quem era a Juliana sem os rótulos, sem as expectativas projetadas sobre ela, sem os medos dos julgamentos.

Foi quando percebi que precisava me reconectar com a espiritualidade, com as minhas raízes, com o que eu sempre amei fazer, estudar e Ser. Estudei diversas técnicas, voltei a praticar meditação, Reiki, Ho'oponopono. Até que um dia ouvi o chamado e me inspirei a estudar Constelação Familiar.

A princípio, quis conhecer, entender e me redescobrir. Durante o curso, vivi um desafio pessoal enorme, uma crise no meu casamento. Problemas de comunicação, afastamento, dúvidas. E pude entender muito sobre mim mesma, meu relacionamento com meus pais, meus irmãos, minhas escolhas, minha relação com o até então marido, meu papel de mãe e profissional.

O mergulho mais intenso e profundo na minha própria alma. Libertador saber que tudo o que tinha feito, vivido e escolhido até aquele momento me possibilitou muito aprendizado. Comecei a me libertar da dor do arrependimento, da culpa, da cobrança, do julgamento, do medo. Eu me libertei!

Entendi que todos só podem oferecer aquilo que possuem dentro de si. E eu também. Fiz o que pude, o melhor que pude, em todas as áreas, para todas as pessoas que passaram pela minha vida.

Foi em uma Constelação, quando pedi para olhar para a minha relação com a minha primeira filha, que realmente entendi como a metodologia funcionava. Vi pessoas que não me conheciam me despindo ali, todos os meus anseios sendo revelados. Vi-me sendo representada da maneira mais incrível. Pude ver que não era vítima, nem a vilã da minha história. Era apenas eu, tentando fazer o meu melhor. Olhei para mim mesma com acolhimento e amor. Assim como olhei para a minha filha com o sentimento de gratidão, amor e entendimento. Foi lindo, revelador, transformador.

A vida seguiu. Muita coisa mudou. E o mais importante: eu mudei.

Houve mudança de postura, mentalidade, da forma de agir e de pensar.

Entre os "erros" e "acertos", o que vale mesmo é o aprendizado. Essa consciência me libertou. Entendi qual era o meu lugar no meu sistema familiar, no mundo, me reconectei ao meu propósito. Minha missão de alma é levar esse aprendizado, essa nova visão ao maior número de pessoas possível. Assim, comecei a minha jornada como escritora, mentora, palestrante e terapeuta integrativa.

A experiência me trouxe até este projeto do livro. Foi a vontade de contribuir com a jornada de milhares de pessoas, dividir as minhas vivências e os resultados com essa técnica tão transformadora.

Neste capítulo, conto sobre as Constelações Familiares de que participei e as que facilitei nos últimos anos. É um convite para a reflexão do não julgamento. Faça esta leitura com o coração aberto. Permita-se sentir a verdadeira empatia. E leve consigo somente o que fizer sentido para a sua jornada e o seu coração.

Depressão

Segundo Bert Hellinger, a depressão é a doença das raízes. A pessoa deprimida não "tomou" os pais, ou seja, não aceitou o seu passado, os pais e, consequentemente, a vida; ela tem muita dificuldade de desapegar do passado. A Constelação Familiar conecta a criança que sofre com seus pais, para poder fazer a liberação desses traumas e padrões, dessa forma, trazer a nova consciência e o caminho da cura.

Em várias das minhas experiências, pude observar no campo de pessoas com depressão muitos apegos ao passado. Situações inconscientes do sistema: dores, cobranças, medos e angústias. Nenhuma Constelação começa com uma fórmula mágica, existem inúmeras possibilidades para encontrarmos as raízes dos nossos problemas. Mas alguns processos se mostram bastante similares, uma vez que todos nós estamos conectados.

Pude experienciar esse cenário em uma Constelação que fiz para uma jovem que buscou entender suas dores emocionais, tudo aquilo que sentia em relação a si mesma, a falta de vontade de viver, seguir e realizar suas tarefas mais básicas. Todo o sofrimento que a acompanhou por vários anos.

Realizamos a sessão *on-line* com o auxílio dos bonecos para a representação de sentimentos e emoções. No primeiro instante, ao escolher a boneca que iria representá-la, pudemos perceber um movimento enorme puxando-a para trás, sentimentos de dor, estagnação, medo. Ela não tinha forças para encarar o passado.

Aos poucos, com o auxílio das frases de solução, fui trazendo a consciência de que ela precisava fazer as pazes com o que passou. Olhar para os seus pais, entender a dor da sua criança. Ela não tinha memórias de sua infância, como se o seu corpo e a sua mente tivessem bloqueado traumas e situações desafiadoras.

Ao realizar o movimento de olhar para esse passado com amor, pôde enfim começar a compreendê-lo. Ela teve uma relação bem difícil com o pai, sempre buscando pelo carinho e pela atenção dele, porém, ele não a correspondia, tinha muita dificuldade de demonstrar sentimentos, de amar e de ser amado.

Em suas lembranças, via-se sempre sozinha, triste, no escuro.

O primeiro sentimento era de medo, ela buscava ser vista pelos pais. Sua mãe, sempre muito presente, porém sem voz ativa em casa, era bastante submissa às vontades do pai.

A jovem então começou a chorar imediatamente. Lembrou-se de uma situação aos cinco anos de idade, em que viu os seus pais brigarem muito, ele ofendia e agredia a mãe, tinha inúmeras amantes e teve filhos fora do casamento que não eram reconhecidos. A dor da mãe era enorme. Inconscientemente, ela assumiu aquela mesma dor. Era uma forma de aliviar as dores da mãe.

Quando ela entendeu que seus pais eram adultos e ela apenas uma menina, compreendeu também que a mãe, casada até hoje, fez suas escolhas de vida, e ela não tinha o direito de julgar, opinar ou cobrar um resultado diferente. Essa era a sua história. E agora, na fase adulta, a jovem estava livre para poder fazer as suas escolhas, renascer, se preencher de vida, perdoar, liberar sentimentos de raiva, os julgamentos sobre as escolhas de seus pais.

Ela pôde se permitir olhar para a situação que a aprisionou por anos com muita humildade. Portanto, pode fazer diferente a partir de agora. Ela se abasteceu de vida e coragem, reconheceu o seu lugar no sistema.

Entendeu que os pais deram o que podiam oferecer: a vida. O alívio tomou conta do campo. Seu sistema recebia aquela consciência. Ela pôde virar-se e olhar para o fluir da sua vida, seguir em frente.

Suicídio

O olhar sistêmico de Hellinger dizia que o suicídio era o resultado de uma exclusão. Esse movimento causa um desequilíbrio no sistema. O desejo de pertencer inconsciente tanto dos que já partiram quanto dos que estão aqui, a ilusão de ser herói, o salvador do sistema, a lealdade velada a alguém e ao sistema, ou o amor cego, muitas vezes, levam a pessoa a tomar esse caminho.

No último ano, fui escolhida para realizar uma Constelação que seria o divisor de águas na minha carreira. Realizei um retiro no interior de São Paulo onde reuni mais de vinte pessoas em busca do despertar da consciência.

Uma das vivências era exatamente o grupo de Constelações Familiares. Sempre que organizo os grupos, deixo livres as possibilidades para que todos se sintam à vontade em demonstrar interesse na Constelação de algum tema. No início, eu explico as leis sistêmicas, suas aplicações com exemplos práticos e logo abro aos interessados no tratamento.

A primeira a levantar a mão foi uma garota de 17 anos. Em sua busca, queria entender por que os pensamentos suicidas a perseguiam desde a infância, fazendo com que ela tentasse tirar a própria vida algumas vezes nos últimos anos.

Abri o campo e pedi auxílio a todos do grupo. Ela escolheu a pessoa para representá-la.

Logo no início, a representante caiu no chão com muita dor nas pernas, totalmente sem forças. Ela não conseguia ficar em pé. Seu olhar vagava pelo campo. Não tinha um olhar fixo, mas o movimento a puxava para baixo.

Trouxe a representação do pai e da mãe para o campo. Ambos, apreensivos e emocionados, buscavam acolher a menina. A mãe não sabia onde se posicionar, nem o que fazer mais. O pai ficou estático. Conectou-se à filha instantaneamente.

A representante da jovem se curvou aos pés do pai, abraçou suas pernas e chorava muito, em um movimento de honra a seus pensamentos e sentimentos. O peso era muito grande. A mãe só observava.

Ambos se afundavam, cada vez mais, como se a dor os dominasse. Outras pessoas entraram no campo, caíam e se arrastavam no chão, puxando a perna da representante com muita força para baixo. Nesse instante, precisei pedir a intervenção da espiritualidade.

A luz divina e a consciência maior atuaram para encaminhar aquelas almas, libertar os emaranhados, os pensamentos, as memórias, as dores e a cobrança sistêmica. Com as frases de ordem para dar lugar a todos eles, reequilibrando o sistema, aos poucos um a um foi se soltando, desprendendo e libertando.

Em um movimento não natural, o pai tomou força para levantar-se e pôde enfim começar a direcionar a filha, e liberar todos os seus ancestrais do sofrimento e do sentimento de cobrança que sentiam. Pai e filha se olhavam e se abraçavam. Era como se ambos sentissem que não tinham direito à vida.

A energia do sentimento de culpa, de dor e de angústia preenchia o campo. Eram muitos seres, ancestrais, representando os pensamentos suicidas. Trouxe ao campo a representação do amor divino, para elevar os sentimentos e lentamente, ao som de músicas de alta frequência, a moça ao centro do campo sozinha se levantou e voltou a respirar.

O pai, enfim, conseguiu pedir perdão à filha, assumindo que aquele sentimento era dele há muitos anos, ele não se sentia feliz ou digno de viver. Era depressivo também, sua mãe sofreu com muitos transtornos mentais. Era algo do sistema que precisava ser visto.

Necessitava receber a luz, a consciência de que a vida continua, todos têm direito a pertencer ao sistema.

Quando o pai reconhece, livra a filha da necessidade de representá-lo, mesmo que em vida, ambos sentem o acolhimento, a gratidão, o pulsar da vida novamente. Todos os presentes sentiram a energia de pertencimento e o amor que preenche o coração. Grande parte do grupo, ao final dessa Constelação, confidenciou que também teve episódios de pensamentos e tentativas suicidas. Ou seja, nada é por acaso. Todos receberam suas curas naquele dia. A constelada voltou a sorrir.

Relacionamento

Os relacionamentos afetivos são temáticas comuns em meus encontros de Constelação Familiar. A abordagem de Bert é explorar dinâmicas mais profundas de um relacionamento. Trazer a luz aos emaranhados do sistema. As desarmonias podem ocorrer por diversos motivos, exclusões, escolhas e condutas de gerações passadas que podem afetar as nossas vidas até hoje.

O objetivo é compreender para fazer as liberações necessárias e, assim, restabelecer a ordem. Somente desse modo o relacionamento dos casais pode fluir naturalmente. *"É suficiente ter um bom parceiro, não precisa ser perfeito, pois o que é perfeito não se desenvolve, já está pronto. A imperfeição é estimulante e permite às duas pessoas crescerem juntas."* (Bert Hellinger)

Dentro desses ensinamentos, sempre me propus a olhar com humildade para as minhas próprias relações, e aqui vou contar a vocês uma experiência na qual fui constelada, em grupo, por uma grande amiga facilitadora, Priscila Pivetta.

Meu casamento já não ia muito bem. Então, decidi entender por que as coisas estavam caminhando daquela maneira, sentia que estávamos cada vez mais distantes, havia um verdadeiro abismo entre nós. Projetos, sonhos, valores, tudo não fazia mais sentido. Já havíamos nos reconectado anos antes, fizemos terapias, inclusive Constelações Familiares. Houve muitas consciências, perdão, liberação de mágoas, entendimentos.

Mas como o próprio Bert nos ensina, para que o relacionamento funcione, cada um deve se responsabilizar por 50%, fazer apenas a sua parte, não buscar pela perfeição, e trabalhar constantemente o não julgamento. Na prática, não é tão simples. Mas eu me comprometi a viver os ensinamentos, pois somente assim conseguiria atuar e ajudar as pessoas que cruzassem o meu caminho.

Pedi para a facilitadora não abrir o tema para o grupo, escolhi dois representantes e fiquei ali, inteira, entregue e emocionada assistindo a tudo. O primeiro movimento do corpo foi de afastamento. A minha representante olhava fixamente para a representante do meu marido, começou então a se emocionar e dizer: "eu quero que você me veja como eu sou". O representante dele só balançava a cabeça, em um intenso movimento de negação.

A facilitadora fez inúmeros movimentos para tentar entender quais as leis que estavam em desequilíbrio. E ficou claro para todos que, por mais que eu quisesse muito fazer dar certo, olhar para as feridas do passado, ele nem se movia. Não quis enxergar e seguir.

É importante entender que nenhuma técnica faz milagres ou promove mudanças sem expansão da consciência.

As frases de solução foram ditas, para que cada um tomasse o seu lugar, entendesse que ambos tinham o mesmo tamanho e estavam juntos com o compromisso de se respeitarem, amarem, perdoarem. Enquanto a minha representante, muito emocionada, buscava ainda o entendimento, a valorização e empatia, o representante dele não se movia, chegou a virar-se de costas para não olhar para a questão abordada. Não conseguia nem ao menos repetir as frases propostas na sessão.

O campo é muito revelador. Como não era aberto o tema, todos puderam sentir e perceber o que ali estava sendo trabalhado: um doloroso, mas necessário, ponto final. Em algum momento, a consteladora soltou o movimento, confiando 100% na energia que reverberava naquele instante.

Foi quando a representante disse que sua missão e a luz não impediam o relacionamento de funcionar, mas que ela havia encontrado o propósito da sua alma. Algo muito mais profundo, livre de julgamentos, e que não se importava mais com opiniões contrárias, principalmente as dele. Ela sempre o amaria, seria grata aos filhos e à família que formaram. O representante dele se afastou ainda mais, não quis ouvir.

E assim foi encerrado o grupo. Eu chorei muito, saí reflexiva e com a certeza de que tinha feito tudo o que podia fazer, confiante no fluir da vida. Acredito muito na expansão de consciência trazida pela Constelação Familiar. A mudança só acontece quando assumimos a responsabilidade. Decidi entregar e confiar na vida, no que o Universo reservava para o meu caminho. Muita coisa aconteceu após esse movimento; nove meses depois nos divorciamos.

O processo de cura não é linear, mas cheio de altos e baixos. Bons e maus momentos. E tomar decisões importantes, que impactam não somente as nossas vidas, mas também as de todos ao nosso redor, muitas vezes não é fácil. É preciso ter coragem para assumir o nosso lugar, quem realmente somos e a nossa missão de alma.

Os resultados de nossas escolhas nos direcionam. Aquilo que pensamos e vibramos atraímos para nós. Aceitar a vida como ela é nos liberta. Temos muito a evoluir e a aprender, e o que tem de ser tem uma força enorme. Confie!

Dinheiro

De acordo Bert Hellinger, o dinheiro quer render algo depois. Por isso, o dinheiro espera ser gasto em algo bom, que leve a vida adiante. Dinheiro é energia, representa o verdadeiro equilíbrio entre o dar e o receber.

Pelo olhar da Constelação Familiar, ainda que tenha fisicamente sua representação bem simples, papel e metais, o dinheiro é uma manifestação de uma energia que está a serviço da vida, é essencial a ela. Sendo assim, caso não encontremos o caminho para servir a vida com harmonia e equilíbrio, os problemas financeiros podem acontecer.

Em uma Constelação em grupo que realizei com essa temática, a constelada afirmou que tinha grande dificuldade de guardar dinheiro, que sempre ganhou muito bem, porém fazia dívidas, gastava além do necessário em itens supérfluos.

Ao abrir o campo, percebemos os movimentos do corpo em busca do passado, os olhares se voltavam ao chão. O olhar da representante estava triste, cansado, como se ela não tivesse forças para olhar para a frente, para sua própria vida.

Foi necessário, então, colocar um representante para trazer a energia do dinheiro ao campo. Imediatamente a pessoa se posicionou atrás da representante, bem próxima, como se fossem uma coisa só.

A representante chorou muito, essa emoção gerou sentimentos de angústia, raiva, tristeza e muita dor no peito, sintomas de ansiedade, que mais tarde foram confirmados pela constelada: há anos ela vive situações desafiadoras, e passa por tratamentos longos para a ansiedade e a depressão.

A Constelação Familiar mostra o que está por trás, a origem dos nossos problemas, os segredos ocultos do sistema. É necessário um olhar atento para compreender todas as movimentações do corpo, os olhares e as emoções expressados.

Naquele instante, já não estávamos mais trabalhando somente uma questão, mas também várias que levavam a cliente a compensar, inconscientemente, seus bloqueios e medos no descontrole financeiro, como fuga para os seus verdadeiros problemas.

Decidi então, naquele momento, trazer os representantes dos pais. Imediatamente ela se virou, existia ali uma honra velada aos seus ancestrais. Sua mãe estava muito calada, sem força, já o pai cobrava uma postura da filha que, por anos, assumiu o seu lugar. Cuidou da mãe, dos irmãos, toda responsabilidade que era dele, o pai.

Não é uma escolha consciente. Ela jamais quis carregar esse fardo. Quando restabelecemos a ordem, deixando cada um em seu lugar, o pai pôde finalmente se despedir, dizer o tamanho do seu orgulho pela filha, a mãe agradeceu tudo o que ela fez, liberando-a para seguir em frente.

É preciso honrar o passado, a história, tudo o que veio antes. Permitir-se fazer diferente. Servir a vida, ganhar dinheiro e fazer algo bom para que a energia do equilíbrio se restabeleça.

Vícios

Segundo Bert Hellinger, as temáticas sobre vício foram observadas em várias Constelações que ele fez e, geralmente, existe a falta do pai nelas. Deve-se encarar o vazio dos sentimentos, a sensação de não pertencimento, em que as emoções se misturam. Essa busca contínua por respostas faz com que as pessoas tentem preencher seus vazios de muitas maneiras, assim surgem os vícios.

E não se trata somente de drogas e álcool, mas também dos vícios em cigarros, açúcar, compras, sexo, jogos, internet, entre outros. É preciso entender quais são as raízes mais profundas do problema, a fim de buscar a cura.

Em uma das vivências que presenciei, representei o vício, e confesso que foi desafiante. A minha mente consciente não conseguia ver ligação das minhas experiências pessoais com os vícios, pois acreditava que somente quem vivia problemas com álcool ou drogas se encaixava nesse padrão.

A Constelação era de uma moça, desejava olhar o campo sistêmico de sua irmã gêmea que enfrentava inúmeras dificuldades com drogas pesadas há anos.

Bert sempre dizia que o constelado precisa partir do ponto de como as situações impactam a sua vida. Não podemos mudar o outro, conseguimos fazer as nossas próprias transformações, ou seja, a todo instante buscamos melhorar, evoluir. Só podemos fazer por nós. Esse é o treino do não julgamento. Não somos melhores do que ninguém para avaliar o que é certo ou errado, como os outros podem agir ou não.

A consteladora trouxe a irmã e o vício para o campo, assim como outros membros do sistema familiar. A dinâmica consistia em olhar para o que causava tal desequilíbrio.

A irmã buscava ser vista por todos do sistema, pelos pais e, principalmente, pela irmã gêmea. Tinha muita raiva, sentimentos reprimidos de inveja, como se ela não se sentisse fazendo parte da família. Ela mal conseguia olhar para cima, se aproximava do vício o abraçava, como se aquele movimento fosse o único que a compreendesse e acolhesse.

Ao encarar a irmã, pôde então dizer tudo o que sentia e estava acumulado. Toda a dor, sensação de inferioridade, a tristeza por ser tão julgada por todos, principalmente pela irmã gêmea. Nesse movimento de perdão e reconhecimento de que elas pertencem ao sistema e que cada uma tem o seu lugar, o vício consegue se afastar.

Seus pais também a receberam com amor, assim como todos os seus ancestrais, muitos excluídos; a dor era profunda. A alma buscava preencher esse vazio.

A viciada se colocou então em processo para poder compreender tudo o que viu e sentiu. Sabemos o quanto é desafiador se libertar de processos de vícios e traumas. O processo é trabalhar o amor e a aceitação. Leva tempo. É necessário respeitar esse movimento de expansão da consciência.

Ao final da constelação, tive um acesso de tosse e passei muito mal. A facilitadora precisou me auxiliar. Foi então que me dei conta do quanto aquele tema mexia comigo. Meu pai sempre foi muito ansioso e fuma desde a adolescência. Lembro o quanto tal hábito sempre me incomodou, o cheiro, a fumaça, absolutamente tudo. Eu o julguei a vida toda. Naquele instante, pude me libertar do julgamento.

Compreendi o tamanho das dores emocionais dele. Eu me perdoei, o perdoei. Esse movimento nos aproximou. Hoje tenho grande empatia nos processos de liberação dos vícios, desvendando as camadas da mente consciente e inconsciente na busca da cura.

Proponho a reflexão: que tipo de atitude recorrente o(a) faz buscar preencher o vazio?

Pertencimento

Bert Hellinger constatou que todo sistema familiar possui uma inteligência inconsciente, semelhante a um inconsciente coletivo, que procura garantir que todos os membros da família façam parte do sistema. O pertencimento fala que cada pessoa tem direito de ocupar o seu lugar, independentemente de seus comportamentos ou dos acontecimentos.

Pude participar de uma Constelação em grupo maravilhosa durante o meu curso de formação na técnica sobre a história de um padre nascido na África e que estava, há alguns anos, no Brasil realizando o seu trabalho junto a famílias carentes na zona leste de São Paulo/SP.

Questionado sobre qual tema ele traria para a sua Constelação, ele não soube dizer, se sentia tão grato com o aprendizado do curso e o seu servir que não conseguiu escolher uma temática. A professora e facilitadora sugeriu a ele o entendimento do porquê havia vindo para o Brasil.

A representante, assim que entrou no campo, se ajoelhou e começou a chorar muito, dizia que ouvia muitas vozes e choro no campo. A tristeza era profunda e notável. Eu pude sentir somente observando de fora.

Aos poucos, a facilitadora trouxe alguns representantes para o campo em um movimento lindo da alma. Deu o lugar aos que não tiveram essa oportunidade, tiveram suas vidas ceifadas na época da escravidão no Brasil.

O constelado se emocionou demais. Todos participaram dessa Constelação, como representantes daqueles que se foram, e como âncoras da luz e consciência para a libertação desses seres por meio da gratidão e do perdão.

O padre então disse que, em sua cidade natal, há uma rua central onde até hoje as pessoas ouvem sons de choro e lamentação. Era o local em que os homens, filhos, pais, irmãos, maridos, eram retirados de suas casas e enviados como escravos para diversos lugares do mundo, em especial, o Brasil.

Inconscientemente, ele buscou equilibrar esse sistema com a sua vida de doação. O servir com amor e devoção beneficiou não só a sua família, trazendo-lhe a consciência de que estava no lugar certo seguindo o propósito da sua alma, mas também honrando os seus ancestrais e o seu país de origem.

A paz da libertação do sistema e de todos aqueles seres foi muito grande, me arrepiava sentir a força da luz que se fez presente. Naquele instante, eu entendi tudo. Percebi o poder dessa prática, a sua função e a nossa como facilitadores dessa técnica.

O amor cura.

Aborto

Muitas de nossas buscas acabam por encontrar o equilíbrio nessa lei sistêmica. Nada fica oculto no sistema, todos fazem parte dele, o que inclui também dar lugar aos abortos. Esse tema é bem delicado, pois existem abortos espontâneos e os provocados e, em ambos os casos, a consciência de pertencimento liberta os que vierem depois. É preciso dar o lugar e reequilibrar a ordem.

Certa vez em um grupo, recebi uma moça que gostaria de trabalhar seus relacionamentos. Como de costume, mal faço perguntas, deixo o campo agir e me guiar. E, assim, abri a Constelação apenas com a representante dela ao centro.

A dor que a representante sentia era tão grande que ela mal conseguia ficar em pé. Precisou se sentar, como se não tivesse forças para seguir ou lutar pela vida. Ela não olhava para lugar nenhum, era como se o vazio se fizesse presente e o silêncio dominasse o local.

Fiz alguns movimentos e pude perceber que alguém desejava entrar no campo. Uma menina entrou e logo se deitou aos pés da representante. Pedia que ela a visse, desse um lugar a ela em sua vida, reconhecesse tal escolha do passado.

A moça, ao assistir àquilo, mal pôde acreditar, a emoção se fez presente. Questionei se ela havia tido um aborto e ela disse que não. Segui com os movimentos do campo, trazendo frases de solução que não soavam como verdadeiras aos representantes. Trouxe o antigo companheiro dela para o campo e não havia nenhuma conexão.

A consciência era de que ali havia muitos segredos ocultos, para os quais a própria constelada não se permitiu olhar, aprofundar. Ela negava, consequentemente, o campo não se movia. Trouxemos a luz ao campo, o auxílio da espiritualidade. As informações que se seguiram era de que ela buscava ser mãe há anos e não conseguia. Demos o lugar à primeira criança, liberando-a para seguir.

A paz invadiu o coração da representante. Somente ali ela pôde olhar para o seu parceiro e dizer o quanto ela desejava a maternidade, unir a família. O seu desejo de ser mãe era tão profundo, porém, ela estava perdida diante desses sentimentos e sonhos, seu parceiro se sentiu de lado, não conseguia mais se conectar a ela.

Em algum momento, outro representante pediu para entrar no campo. Posicionou-se diante da mulher com muito amor, disse estar esperando por ela. O sentimento de amor preencheu o campo. A vida seguia o seu fluxo natural, se abrindo para novas oportunidades.

Fluxo da Vida

A Constelação Familiar nos auxilia a reconhecer o nosso lugar, assumir responsabilidades por nossos sentimentos e nossas atitudes. Bert Hellinger dizia que todos nós fazemos parte do fluxo iniciado pelos nossos ancestrais, este é o fluxo da vida, sempre segue adiante.

Somos influenciados por nossos antepassados e seremos, no futuro, a influência na vida de muitos outros que virão. O sistema respeita o ciclo da vida. Nesse fluxo, ao encontrarmos o nosso lugar e propósito, seguimos os movimentos da alma. Somente assim evoluímos.

Muitas pessoas me procuram para encontrar respostas. Costumo dizer que sou somente um instrumento da luz, auxílio no caminho, para que elas mesmas encontrem tais respostas que buscam. E com a técnica da Constelação Familiar não é diferente. Cada um tem o seu propósito dentro do sistema familiar. A busca por reencontrar esse caminho abre infinitas oportunidades em nossas vidas.

Em uma dessas inúmeras experiências, em sessão on-line, com representação por bonecos que fiz com uma jovem, coloquei-a diante da vida, e a sensação de paralisia a impedia de seguir adiante, como um forte ímã levando a sua consciência ao passado. Sentimentos de depressão e angústia a acompanhavam há muitos anos.

Fizemos o movimento de reconexão com o passado, com a sua história e família de origem, pai e mãe. Nesse momento, a emoção já tomou conta do campo. Ela buscava ser vista por eles, respeitada, valorizada. Sentia que, de alguma maneira, tinha decepcionado os pais com suas escolhas.

Esse peso da decepção a impedia de olhar para a frente, seguir o fluxo natural da vida. O pai era muito amoroso e protetor, já a mãe, corajosa, priorizava a liberdade. Ela não conseguia entender o porquê de tanta dor. Foi necessário reconhecer as escolhas dos pais. Essa história era somente deles por terem vindo antes, são maiores diante da hierarquia do sistema, tinham o direito de fazer as próprias escolhas como casal e indivíduos.

No fundo, ela julgava tais decisões. Buscava mudar o passado e lamentava o que poderia ter sido. Não temos como mudar o passado, mas podemos aceitar que foi como deveria ser. A vida fica mais leve e ganha sentido. Se eu aprendo com os erros e acertos dos meus ancestrais, aprendo o que posso ou não fazer. Liberto-me do peso do julgamento. Eles fizeram, deram o que tinham, com a consciência que tinham. Isso muda tudo.

Imediatamente, a jovem se libertou do peso, a alma respirou aliviada. Ela se virou para a vida, e começou a agradecer profundamente a oportunidade de poder seguir e fazer as próprias escolhas. Ao repetir as frases de solução, e tomar pai e mãe e ela para a vida, cresceu, se iluminou, se reconectou com seus sonhos e desejos. É a liberdade de ser quem ela quiser ser.

A vida flui.

Vida Profissional

A Constelação Familiar também permite compreender a influência do sistema familiar no campo profissional e, assim, identificar os possíveis conflitos existentes no passado que impedem o fluir da carreira. O objetivo é tomar consciência dessas influências, fazer as transformações necessárias para alcançar o sucesso e a realização.

Fiz muitas Constelações com essa temática. Em um dos encontros que realizei, um homem mais velho quis entender por que a vida dele não fluía profissionalmente, tinha muitos questionamentos e frustrações.

Abri o campo com o representante dele sozinho no centro. Ele mal conseguia respirar. Muita tristeza, fraqueza, falta de ar e vontade. Ele se sentia perdido e sozinho. Coloquei uma representação do trabalho na vida dele. Ambos não se conectavam. Era como se um ímã os afastasse. Cada um olhava para um lado do campo, muito distantes.

Ele tinha passado por experiências bastante desafiadoras. Teve muitas oportunidades, uma vida confortável, bens materiais, carro do ano, fazia viagens frequentemente com a família. Mas, em certo momento, tudo começou a dar errado. Ele havia perdido dinheiro e até mesmo a família. Sua separação estava sendo extremamente dolorosa. O representante, sentado no centro do campo, só chorava, muito.

Foi quando comecei o movimento de encontro ao passado para entender em qual momento os bloqueios começaram a aparecer. O pai era muito presente, ensinou tudo o que pôde aos filhos, valores sobre trabalho e família. Foi um homem muito honrado por todos, porém, morreu jovem. A sua morte pegou todos de surpresa. O choque dessa partida repentina mudou completamente o rumo da vida daquele homem. A partir da morte do pai, ele assumiu toda a responsabilidade em nome de todos.

Ele ajudou a mãe, os irmãos, até amigos que precisaram dele por muitos anos. Até aqui entendemos duas leis em desarmonia, a da ordem e a do equilíbrio. Como ele sempre fez muito por todos, no fundo, seu inconsciente esperava ter esse retorno, que todos fizessem o mesmo quando ele precisasse. Ele sempre pensava nisso. Até o dia em que realmente precisou e entendeu que não teria essa ajuda. Ali estava o seu aprendizado.

Qual era o verdadeiro lugar dele nesse sistema? Comecei, então, a trazer as palavras de ordem, reconectando-o ao pai, com aquele sentimento de gratidão e honra, mostrando ao pai que ele honrou os seus compromissos e legado, mas que, a partir de agora, iria cuidar da própria jornada, sem o peso de precisar provar algo ou mostrar ao sistema o seu tamanho. Com a mãe, a reconexão foi de acolhimento, de se nutrir de amor incondicional, abastecer-se de vida para que pudesse se levantar, encarar seus problemas, o resultado de suas escolhas.

Somente aí ele pôde se levantar. Pediu perdão à esposa por muitos erros que escondia dela e de si mesmo. Entendeu que estava colhendo os resultados disso. Pôde então olhar para a sua vida profissional, ressignificando as perdas, agradecendo ao aprendizado.

Ele sentia muitas dores e seu ouvido, até então, estava entupido. Esse movimento da alma o fez olhar para todas essas dores muito profundas do passado, escolhas de seus ancestrais, erros e acertos. Quanto mais ele se libertava desses traumas, mais leve o campo e ele ficavam. O constelado chorou muito, mas sentiu imediatamente o bem-estar, a leveza e a alegria invadindo o seu ser. O ouvido desentupiu. Fazia meses que ele buscava solucionar esse problema.

Sua vida pôde, enfim, fluir novamente.

Herança

Segundo Bert Hellinger, "Os pais dão, os filhos recebem". Essa é a lei da vida. Porém, muitas vezes essa questão gera inúmeros emaranhados, pois nem sempre os que vieram antes tiveram a real intenção de deixar seus bens para as próximas gerações, eles simplesmente viveram e morreram.

Para que a herança seja considerada um presente, é necessário respeitar as leis do amor (pertencimento, hierarquia e ordem), pois somente assim a vida seguirá o seu fluxo. Ao analisar diversos casos ao longo dos anos, pude notar que existem muitos conflitos acerca dessa temática.

Em uma constelação presencial com o uso de bonecos, a constelada me trouxe o problema que enfrentava há mais de 20 anos com imóveis herdados pelo seu ex-marido que havia falecido. As coisas simplesmente paravam, as vendas ou negociações dos terrenos não fluíam. Era como se a energia estivesse estagnada por anos e anos.

O peso daquela situação era visível, mesmo antes de abrir o campo, ela começou a passar muito mal, com falta de ar, palpitações, dores nas costas, sensação de desmaio. Era o total desequilíbrio sistêmico, em que muitos não foram vistos, reconhecidos e, por vezes, foram excluídos. O movimento da alma pedia a libertação.

Libertar todos aqueles que estavam presos naqueles lugares. Os que também não tiveram direito à escolha e, inconscientemente, não permitiam o fluir da vida. Os terrenos haviam sido invadidos, muitas famílias se apropriaram daquelas terras. A resposta do sistema foi: devolver o que foi retirado de gerações passadas.

Para restabelecer o equilíbrio, em primeiro lugar colocamos a ordem, trazendo luz às primeiras gerações, depois às seguintes até chegar aos netos. Orações de perdão àqueles que continuavam a buscar por respostas. Nesse momento se fez necessário pedir a intervenção da espiritualidade, até para que a constelada pudesse voltar a respirar. Pedimos a luz divina da compaixão e do amor, levando essa consciência a todos os envolvidos.

Colocamos músicas de alta frequência, ficamos em silêncio, reconhecendo cada um deles. Aos poucos conseguimos sair daquele movimento de dor e estagnação. O que mais me impressionou foi a aparência da constelada, que mudou imediatamente, como se tivesse sido anestesiada, curada.

A luz se faz presente sempre que o buscador a procurar. Ela pediu ajuda, todos receberam as curas, e as próximas gerações poderão enfim seguir em frente, receber o que merecem, com a consciência de que podem agradecer o passado, focar no futuro e manter no coração a gratidão por todas as bênçãos que lhes foram concedidas.

Em menos de seis meses, o processo caminhou, os bens foram vendidos e a herança foi dividida. A luta de gerações pelo pertencimento e encontro do equilíbrio, para que cada membro da família pudesse receber a sua parte, terminou. A vida seguiu o seu rumo.

Infertilidade

A Constelação Familiar nos mostra onde ficam os emaranhados que paralisam todas as áreas das nossas vidas. Muitas vezes nossos medos são tão velados, que eles se apresentam em formas e situações específicas para que possamos olhar com amor e, assim, curá-los.

O desejo de engravidar, por exemplo, permite que o casal olhe para questões muito profundas da alma. Os anseios, os sonhos, as expectativas. Quando não são atendidas as nossas vontades, quando e como queremos, começamos a buscar as respostas. É normalmente um processo profundo, desafiador, que nos faz entender o que nos prende ao passado, nossa fidelidade ao sistema, quais são as dores ocultas que dificultam o fluir da vida.

Em certa ocasião, atendi uma moça saudável, jovem, que mora fora do Brasil há mais de dez anos. Desde muito cedo, ela mantinha o desejo de mudar de vida, ajudar os pais, ter novas e boas oportunidades, uma vida melhor. Então decidiu, com a cara e a coragem, se mudar para o outro lado do mundo, Austrália.

Chegou lá sem saber o idioma e precisou de tempo para se adaptar. Trabalhou bastante, enfrentou seus maiores medos. Aprendeu a nova língua. Conheceu novas profissões. Casou-se. E agora buscava por respostas, pois não conseguia engravidar.

Abrimos o campo com o uso dos bonecos para a representação. Logo no início senti a frustração e o medo que ela sentia, como se estivesse sozinha, uma sensação de abandono. Estava paralisada. Fizemos o movimento de reverência aos pais, ao passado e país de origem. Trazendo a força de seus ancestrais para que ela pudesse, enfim, enxergar a luz.

Seu marido passava muitos dias fora de casa, trabalhando em outra cidade. E inconscientemente ela não estava permitindo a gestação, não estava disponível. O medo de passar por essa nova fase sozinha fazia com que ela bloqueasse a chegada da criança. Ficava triste, introspectiva, sem vontade de viver e realizar as tarefas mais simples do dia a dia. Ela sentia falta dos pais, da segurança que eles representavam.

Ao reverenciá-los ela se lembrou de que, apesar da distância, eles sempre se fizeram presentes em sua vida, e de que ela tinha raízes fortes. Sendo assim, podia garantir bons frutos. O movimento da alma fluía levemente olhando para a vida com gratidão.

A constelada se reergueu, pôde enfim olhar para o marido; ao olhar nos olhos dele e dizer que havia escolhido ele para ser pai dos filhos dela. O seu companheiro de vida. E que, somente agora, ela se sentia segura para esse próximo passo. Estava disponível, pronta e saudável para receber esta dádiva, o filho.

Ela se sentiu em paz, em harmonia ao lado do esposo. Dessa forma, a vida pode fluir. Após esse trabalho lindo da constelação, seu marido decidiu mudar de trabalho e ficou mais perto dela. Dois meses depois, ela engravidou.

Capítulo 18

Considerações Finais

"Fácil é aquilo que é permitido vir."

Bert Hellinger

Este livro me fez relembrar minha trajetória de estudos e práticas, pois acredito que a verdadeira transformação começa dentro de nós. Ser o que desejo ver, atrair e ter. Inspirar pessoas. Mudar a forma de pensar e agir. Evoluir. Entender que a vida nos ensina a ter coragem. Assumir responsabilidade. Confiar no fluir da vida.

Coloquei-me a serviço da vida com humildade, amor e respeito, e a forma que encontrei para compartilhar todo conhecimento adquirido ao longo dos anos foi por meio da escrita, das palavras. As palavras me curaram, e hoje tenho plena consciência de que elas também curam aqueles que são tocados por elas.

Sou grata a cada um que incentivou esta caminhada. E agradeço ao Universo por ter colocado as pessoas certas no meu caminho para que eu pudesse me reconectar com a minha essência divina, o meu verdadeiro propósito.

Quando o Bert diz: *"fácil é aquilo que é permitido vir"*, entendo que muitas vezes não permitimos. Não aceitamos os sinais do Universo, muito menos, aceitamos a nossa história como ela é. Ficamos empurrando decisões por anos e anos, esperando o melhor momento.

A ansiedade tem nos consumido. Focados no futuro e em "pré-ocupações" mentais de coisas que, muitas vezes, nem chegam a acontecer, nos perdemos totalmente. Não sabemos mais quem somos e o porquê estamos aqui e agora.

A nossa consciência vaga entre o passado que nos traz angústia, depressão, e o futuro incerto. Nós nos perdemos de nós mesmos, da vontade de viver, realizar e da capacidade de sonhar. Estamos correndo contra o tempo, mas sem tempo para nada. Esquecemos o valor das coisas simples. Não admiramos mais as belezas, a Natureza. A desconexão é total.

As perguntas e a busca pelo autoconhecimento nos guiam e nos fazem ir além. Entendo o autoconhecer como a principal ferramenta da liberdade. Ela nos tira desse aprisionamento mental, do condicionamento que a sociedade nos impõe. Ela nos ensina a viver de forma mais leve, conectada ao que é importante. Conhecer a si mesmo: essa é a resposta.

Quais são suas dores, seus anseios, suas tristezas, alegrias, os seus medos e sonhos?

A leitura o(a) convida a parar por instantes, valorizar a si mesmo(a), se priorizar, cuidar da pessoa mais importante da sua vida: você!

Este material é a minha forma de contribuição com a sua vida, tudo que aprendi com cada Constelação Familiar que vivenciei e pratiquei, com cada leitura e troca. É um pequeno guia com teoria e prática de uma das técnicas mais incríveis disponíveis. Permita-se. Deixe cada palavra e vivência reverberar dentro do seu ser.

Que cada *insight* faça você valorizar ainda mais a vida e suas múltiplas possibilidades, os novos caminhos, a expansão da consciência, a busca pela evolução.

Entender quem somos e qual é o nosso lugar no mundo envolve renúncias de versões e padrões que não nos cabem mais. A verdadeira busca nos faz encarar tais mudanças. Deve-se olhar para o passado com profunda gratidão, viver plenamente o presente e construir o futuro mais leve e cheio de amor para as futuras gerações.

É fácil fazer isso? Mudar a consciência e quebrar padrões? Não.

O desafio é entender que a tristeza faz parte do processo, assim como as alegrias. Somos a soma de todos esses resultados, de tudo aquilo que nossos ancestrais vivenciaram, de todo pensamento, ação e escolha.

E o que você tem buscado?

Essa nova forma de pensar aumenta a nossa responsabilidade diante da vida, dos desafios que se apresentam. Entendemos que podemos somente assumir o nosso lugar, fazer a nossa parte, e isso já o bastante.

Imagine o cenário: cada um se responsabiliza 100% por suas atitudes, palavras, pensamentos e ações. Acredito que a nossa realidade seria completamente diferente. Viveríamos em um mundo cheio de amor, equilíbrio, respeito, empatia, compaixão.

Estamos nesse caminho da evolução. Não há mais razões para evitarmos encarar o passado, aprender com tudo o que foi vivido, olhar para o futuro, enfim, seguir o fluir da vida.

É preciso experienciar as leis sistêmicas em todas as áreas, já conscientes de que iremos fazer a nossa parte, curar nós mesmos.

O buscador da cura liberta todos do sistema, os que vieram antes e as próximas gerações.

Acredito que esse entendimento foi o que mais me encantou nas Constelações Familiares. Não é uma busca individual. Ela é o chamado da grande alma, pois sabemos que somos todos um.

Que a força do amor possa preencher a sua vida! Que a luz divina se faça presente hoje e sempre em seu caminho!

Eu vejo você.

Gratidão!

Bibliografia

HELLINGER, Bert. *A Simetria Oculta do Amor: Por que o Amor Faz os Relacionamentos Darem Certo*. 5. ed. São Paulo: Cultrix, 2012.

HELLINGER, Bert. *O Essencial é Simples*. São Paulo: Atma, 2021.

HELLINGER, Bert. *Ordens da Ajuda*. São Paulo: Atma, 2021.

HELLINGER, Bert. *Ordens do Amor: um Guia para o Trabalho com Constelações Familiares*. São Paulo: Cultrix, 2003.

KOZINER, Mario. *Ciclo de Excelência do Constelador: Desenvolvendo Habilidades Essenciais para Facilitar Constelações Sistêmicas*. São Paulo: Instituto Koziner, 2020.

SANTANA, Emília. *Constelação Sistêmica Familiar: as Leis do Amor*. São Paulo: Leader, 2019.

VITALE, Joe. *Limite Zero: O Sistema Havaiano Secreto para Prosperidade, Saúde, Paz, e mais ainda*. Rio de Janeiro: Rocco, 2009.